# MON

# PLUS GRAND PLAISIR,

## OU

# MES LOISIRS

## PATRIOTIQUES.

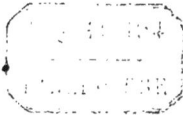

ANNÉES 1810 — 1811.

DE L'IMPRIMERIE DE LEBÉGUE, RUE DES RATS, N° 14, près la rue Galande.

# MON

# PLUS GRAND PLAISIR,

## OU

# MES LOISIRS

## PATRIOTIQUES.

OPUSCULES SCEPTIQUES OÙ JE CHANTE
MA PATRIE, MON PRINCE ET LES HÉROS,
PUIS L'ÉVÉNEMENT HEUREUX DE LA
NAISSANCE DU ROI DE ROME;

### PAR P. F. PALLOY.

HOMMAGE QUE JE FAIS A MES CONCITOYENS, A MES
FRÈRES D'ARMES, COMPOSANT LES CENT TRENTE
DÉPARTEMENS DE LA GRANDE NATION DE L'EMPIRE
FRANÇAIS.

## PARIS.

M. DCCC. XI.

# EXPLICATION

## DES ALLÉGORIES

# DU FRONTISPICE.

~~~~~~~~

LE Temps, enchaîné, est représenté sous la figure d'un Vieillard, affaissé par les troubles de la révolution ; il brise ses fers, en faisant des efforts pour sortir du cahos, écrasant son clepsydre sous son genou, et jetant sa faulx loin de lui. Devant lui l'on voit la Bastille renversée, les anciens titres de la dernière dynastie, et les chaînes de l'esclavage brisées. Il est inspiré par la Providence qui guide le génie, et recueille toutes ses forces pour soutenir le livre des événemens passés. Il applaudit d'un air satisfait au sentiment de joie universelle d'un peuple magnanime, qui a reconquis la liberté sous l'ancienne dynastie, et qui, après avoir régné quinze ans dans le régime républicain , se trouve dégagé de toute oppression ; et, dans le calme de la réflexion, a choisi le gouvernement qui lui convient le mieux, et nommé un chef pour la nouvelle dynastie dans la personne du plus grand de ses généraux, qui seul a régi les affaires de la république. En récompense il a été élu premier Président et puis Consul à vie.

La France se voit sous la figure de la Vertu, ayant la couronne impériale sur la tête , et revêtue d'un manteau parsemé d'abeilles, pour désigner la mère-patrie ; elle s'appuie sur un chêne, symbole de la force, de l'union et de la valeur ; elle montre à l'univers la table de la loi, où est gravé le vœu général de la grande nation qu'elle représente.

L'on y lit : *Le peuple français sous un gouvernement républicain, dégagé de toutes factions, a librement émis son vœu pour la quatrième dynastie, en proclamant pour son chef* BONAPARTE, *son premier Consul.*

L'Histoire est représentée sous la figure d'une belle femme assise, ayant l'air calme ; elle tient d'une main le livre des fastes de la révolution française, soutenu par les ailes du Temps ; de l'autre, elle trace avec son burin ce que lui dicte la France au nom du peuple, des autorités et des armées, en foulant aux pieds les anciens titres inutiles, parmi lesquels on remarque ceux des dynasties passées. On y lit :

NAPOLÉON I<sup>er</sup>, *Empereur des Français, Roi d'Italie, Président de la Confédération du Rhin, Protecteur des Cantons Suisses, né à Ajaccio, le 15 août 1769, général en chef des armées de la République en 1794, élu premier Consul en 1800, réélu Consul à vie en 1801, et nommé Empereur des Français le 18 mai 1804, sacré et couronné à Paris par le pape Pie VII, le 2 décembre suivant, couronné Roi d'Italie le 26 mai 1805, marié à Vienne à* MARIE-LOUISE, *Archiduchesse d'Autriche, le 11 mars 1810, de qui est né* NAPOLÉON (FRANÇOIS-CHARLES-JOSEPH), *Roi de Rome, le 20 mars 1811, baptisé le 9 juin suivant.*

L'on voit la Vérité, perçant les nuages et rayon-
nante de gloire, descendre du ciel; elle embrasse le
portrait de Napoléon, le bien-aimé, entouré de
branches d'olivier, présage d'une paix heureuse.
D'une main elle se présente à l'Univers, comme un
don du ciel que Dieu accorde aux Français en récompense de leur valeur et de leur héroïsme. De
l'autre main elle tient une palme, emblême de leur
victoire, de s'être donné pour chef ce héros digne
de l'être.

L'Empereur, dont le front est ceint d'une couronne de laurier, porte aussi sur sa tête celle de
fer, comme Roi d'Italie. Le cadre a pour ornement
un serpent mordant sa queue, emblême de l'immortalité. Les drapeaux de la liberté, dont la couleur
indique que c'est par eux qu'ils ont la gloire d'avoir
pour prince un aussi grand capitaine, dont son buste
est entouré, indiquent le courage avec lequel il **a**
combattu lui-même les ennemis de la France, qu'il a
toujours vaincus. On lit au pourtour :

**Le bon Prince fait le bon sujet.**

On aperçoit dans le ciel la réunion de plusieurs
étoiles formant une couronne de planètes, pour désigner l'éternité de la dynastie de l'incomparable
NAPOLÉON, qui annonce que tout change en cet Empire sous ses lois; que tout se ranime, tout respire;
que la gloire a gravé de ses mains le noble trait de
bienfaisance; qu'il est le héros de l'indépendance et
le vrai père de ses sujets. Au milieu on voit un N,
que Dieu a désigné pour remplacer les fleurs de
lis.

Au haut du cadre on y lit : Le vœu de la nation est de voir se perpétuer la famille de Napoléon.

*Napoleonidi ad perpetuitatem generis spectat commune votum.*

On lit, au bas de cette gravure, les sentimens d'amour et de patriotisme qui enflamment toujours le cœur de l'auteur de cet ouvrage, et qui se redoublent à la vue des hautes qualités de son Souverain. Il a tâché d'exprimer à tout l'univers, comme propagateur des principes du gouvernement qu'il chérit, ce qu'il pense sur son Empereur, tant du passé, du présent que sur l'avenir, par les vers suivans :

Les talens, la naissance et l'éclat du génie
Ont fait seuls toute sa grandeur ;
C'est dans les vertus de son cœur
Que les Français liront l'histoire de sa vie.

# AVANT-PROPOS,

## OU

# PRÉCIS DE L'AUTEUR.

~~~~~~~~

CE Recueil renferme toutes mes pensées et mes actions, ouvrage des années 1810 et des six premiers mois 1811. C'est le fruit de mes occupations civiques, ou le délassement de mes travaux ; c'est ma gaieté journalière que je dissémine et mets au jour de temps à autre, suivant les circonstances d'enjouement, fêtes nationales, coups d'éclat, victoire remportée sur les Anglais, défaite de nos ennemis, événement remarquable, quelquefois histo-rique, hommage à la vertu ; c'est ainsi qu'en répandant ces petites productions de mon faible génie par ces chants joyeux, que mes désirs sont remplis comme véritable Français.

Chanter des hymnes, offrir des vœux au
ciel pour ma patrie, pour mon Empereur,
sa digne épouse et le fruit de leur amour,
chanter les vertus guerrières, égayer mes
compatriotes, me sacrifier pour tous, désirer le bonheur commun; voilà ma félicité
toute entière.

De même qu'en propageant ceux des ouvrages qui ne sont pas de ma verve, mais
dont le mérite est connu, il suffit qu'ils
soient guidés par l'amour du patriotisme, par
le zèle que les auteurs portent au Souverain,
et que l'opinion prononcée des hommes qui
les composent soit connue. Bon citoyen, en
le faisant, je remplis la tâche que je me suis
imposée dès l'aurore de la révolution; ma
jouissance la plus grande n'a toujours été
que de servir ma patrie, de lui être utile de
tous mes moyens tant physiques que moraux.
J'en ai fait serment comme celui de coopérer à perpétuer le triomphe du GRAND HOMME,
et du gouvernement qui la fait respecter.

J'accuse, et tout le monde le sait, que je n'ai pas le bonheur d'être homme de lettres ; ma faible verve n'a pris naissance que depuis l'époque de la régénération française, par l'amour national qui naquit aussitôt que j'ai entendu sonner le tocsin. J'ai juré à l'assemblée des braves Electeurs de servir mon pays, de lui être utile, de mourir patriote. Cette inspiration est chez moi naturelle ; c'est pour moi une habitude, comme mon plus précieux travail qui fait ma seule satisfaction personnelle après les soins de ma famille. Aussi assidu que la constance de mon patriotisme, je suis fidèle aux lois de mon pays, toujours en sentinelle au moindre succès ; comme un volcan, ce feu ne s'éteindra jamais chez moi, ne cessant d'avoir sous les yeux pour modèle le dévouement de *Curtius* et *Eustache de St-Pierre*. Comme eux c'est mon amour, c'est ma patrie ; mon devoir c'est de servir NAPOLÉON, dont je sens au fond de mon cœur cette obligation personnelle et ces sentimens se renouveler : vaincre et périr pour eux, voilà le serment que j'ai fait de servir l'un et l'autre comme citoyen français et patriote.

C'est dans ces inébranlables sentimens à chérir ma patrie, à servir mon prince, à les voir triompher, que je fais consister mon amour, mon devoir et ma gloire. Je trouve mon plaisir à chanter les louanges de la vérité et les vertus guerrières, et à répandre partout ces Opuscules civiques, fruit de mes loisirs.

# MON PLUS GRAND PLAISIR,

## OU

# MES LOISIRS PATRIOTIQUES.

*Imperator patria, vota canere et laudes bellicæ,*
*Sacrificare pro omnibus vitam, mea gloria felicitas tota.*

# A MES CONCITOYENS

## DES DÉPARTEMENS.

### MESSIEURS,

UNE voix faible, celle d'un Parisien, s'élève pour répandre la vérité, chanter les succès de son pays. Loin de sa pensée de passer pour un phénix, un poète, un homme lettré ; il se connaît, il sait se juger ; mais il ne discontinuera pas de se montrer parmi vous toujours patriote pour la vie , comme il a toujours fait comme tel , depuis l'époque de la régénération française. Ses seuls amours, c'est sa patrie ; ses triomphes font sa gloire : son devoir d'obligation, comme citoyen, comme sujet plein de reconnaissance, c'est de rendre hommage aux vertus et au grand mérite du Souverain, en répandant les Opuscules que son loisir lui permet de faire.

Ses productions civiques n'ajouteront pas à l'éclat de la prospérité de ce grand homme. Parmi les héros les plus admirés, nous chercherions en vain un seul qui pût lui être comparé, qui soit plus terrible dans les combats, qui remporte plus de victoires, qui soit plus avare du sang de ses soldats, qui porte plus loin le respect dû au malheureux, qui, à l'instant de l'ivresse de la victoire sur le champ de bataille, oublie sa gloire pour voler lui-même à la conservation des infortunés ; il est aussi regardé comme le restaurateur de la France, comme le pacificateur de l'Europe, comme tenant l'équilibre de l'univers. Il n'est pas le premier qui lui rend ce qui lui est dû ; il ne fait qu'ajouter à ses lauriers, puisqu'il a déjà fait parler en sa faveur toutes les bouches de la renommée. La sienne sera donc celle de l'interprète de tous les cœurs français ; si elle ne l'est pas, elle devient téméraire ; car c'est outrager le trône, même la patrie, que de louer son prince des vertus qu'il n'a pas.

On sait que ceux qui gouvernent, qui sont à la tête des peuples, sont jugés par eux; le public met autant de sévérité, qu'il il loue avec bassesse ; de même qu'un courtisan, un historiographe à gages,

ces auteurs romanciers, ces pestes publiques, rien
ne peut être sûr pour l'histoire. Mais lorsqu'un
prince a pour gage le cœur de ses sujets, qu'il ne
tient qu'à lui de savoir son arrêt et de se connaître ainsi lui-même, il n'a qu'à consulter la voix
publique, et sur-tout celle de l'homme sans passions, sans intérêt, qui pèse avec justice les actions
et non l'individu, qui le chante malgré ses opinions
religieuses, seul mobile qui a toujours agité sa
verve, ignorant les petits artifices, l'intrigue et la
cabale; celui qui partage la joie de la félicité générale, qui ne travaille que d'après celle du petit
nombre de juges, de ces hommes de bien, de ces
philosophes instruits, de ces vrais patriotes qui en
tout genre entraînent à la longue l'opinion du grand
nombre, et qui seuls se font entendre à la postérité.

La réputation est la récompense des gouvernans,
la fortune leur a donné tout le reste; mais cette
réputation dérive d'un principe, et diffère comme
leur caractère, plus éclatant chez les uns, plus solide
chez les autres; l'homme lettré les honore souvent
accompagné d'une admiration mêlée de crainte,
quelquefois appuyée sur l'amour de la reconnaissance. Leurs plumes agissent suivant les circonstances et par la protection qu'on leur accorde; leur
action dérive d'un principe intéressé : voilà ce qui
fait parler en sa faveur, et agir la plume d'un particulier.

Mais ici c'est le général, c'est tout un peuple;
c'est une nation entière et éclairée qui a eu des malheurs, qui a vu éteindre par le rouage usé l'ancienne
dynastie de Louis XVI. Il était bon père, mais il

ne veillait pas assez par lui même à la conservation
de ses enfans; il s'en rapportait aux passions de ses
ministres mal choisis, à l'avidité des favoris, à l'i-
neptie des courtisans, et à tous ces êtres sans morale
de cœur ni de politique; il oubliait ses vrais amis,
les vrais soutiens du trône ; il ne récompensait pas
l'homme de bien : voilà la cause de son infortune.

C'est cette nation française qui après, par sa légè-
reté, a supporté pendant des années le cahos d'une
république naissante et impraticable. On a vu dis-
tinctement les dangereux effets du génie courtisan
au milieu même des représentans. Cet esprit donnait
le mouvement, formait le désir de plaire par l'ambition d'être élus, ou l'espoir d'obtenir quelque autre
place par le suffrage du peuple; ainsi donc la loi
était sans force comme une momie. Ce peuple igno-
rait que la liberté ne se maintient que par la bonté et
le respect aux lois, et qu'il n'y a pas de liberté où
il n'y a pas de bonnes mœurs. Leur première joie
en 1789 est devenue licence en 1792, funeste en 1795.

C'est une grande nation, qui depuis vingt ans
combat avec succès ; c'est un peuple magnanime,
dont le principal commerce dépend du luxe, puis
les arts et l'industrie française; qui a appris à ses
dépens à savoir apprécier le mérite de celui qui a
l'art difficile de bien gouverner : aujourd'hui il est
instruit; aussi n'aimerait-il pas long-temps un prince
qui n'aurait pas cet art de gouverner sagement, et
qui ne serait pas un grand prince. Quelle leçon,
quel exemple que la révolution française pour les
peuples et pour les rois ! Puissent-ils apprendre que
si la révolution bouleverse tout , elle reproduit de

grands hommes; que si la guerre fait des sujets, sous le règne d'un bon prince, les bonnes lois font les bons citoyens !

NAPOLÉON qui nous gouverne a la suprême qualité de savoir bien gouverner ; on ne peut lui refuser d'être le plus grand homme de son siècle, empereur philosophe, et roi patriote, homme d'épée, homme de plume, un génie diplomate supérieur, tout à la fois grand capitaine et soldat, adroit guerrier, laborieux législateur, savant sur-tout, éclairé dans la politique, connaissant les hommes et les affaires à fond. La protection qu'il accorde aux beaux arts le prouve ; son règne sera l'époque de plusieurs révolutions dans l'esprit et dans les mœurs des Français; il est fécond en ressources, prévoyant les événemens ; toujours la gloire l'accompagne, soit dans la guerre, soit en donnant la paix. Juste et sévère tout à la fois, sachant se faire aimer et craindre, la justice est sa boussole, soutenant la splendeur de son Empire avec magnificence, le faisant respecter des autres nations, faisant la guerre sans la chercher, toujours avec gloire pour avoir la paix. Sa clémence se prononce aussi vite que la foudre qu'il dirige; et de son bras puissant protégeant le faible et réduisant l'oppresseur dans l'impossibilité de nuire, voilà la vérité. La France a subi une entière métamorphose, elle a oublié ce qu'elle était ; elle est guérie de ses maux, et elle est étonnée de ce qu'elle est. O siècle ! ô mémoire !

Le peuple français n'a-t-il pas trouvé son bonheur et son vengeur sur le bord du tombeau ? Jetons un voile sur le passé. Inconcevables enchaînemens des événemens humains! Qu'allions-nous devenir? Que l'on considère la situation de la France avant son avénement à la couronne, que l'on examine depuis les progrès rapides de sa splendeur actuelle! Oui, l'EMPEREUR est le vrai père de ses sujets; l'amour pour son peuple est une des principales vertus de NAPOLÉON : c'est cet amour qu'il exerce dans son Empire, qui lui donne une sorte de paternité, ainsi que dans sa capitale; tous s'empressent, tous envient par un sentiment patriotique à chanter ses triomphes.

Quant à moi, je m'en fais le plus sacré des devoirs comme patriote, comme militaire, comme citoyen, comme artiste, ami sincère de ma patrie et fidèle sujet du prince qui nous gouverne; c'est dans ces sentimens que je vous entretiendrai toujours, et que je suis tout à vous, comme je vous l'ai déjà prouvé.

Je vous salue très-respectueusement;

P. F. PALLOY.

# UN ANCIEN COLONEL

## AUX BRAVES MILITAIRES FRANÇAIS.

Assemblez-vous, rivaux heureux,
Accourez, les palmes sont prêtes ;
Les fleurs vont couronner vos têtes,
La gloire va combler vos vœux.

Intrépides guerriers,

Votre ancien camarade vous salue, vous honore, vous révère et vous couronne en vous offrant
son travail ; sans doute votre gloire n'a pas besoin
de cet hommage obscur pour recevoir un nouvel
éclat ; vos faits sont trop illustres pour qu'aucun
écrivain ose rien ajouter à l'immensité de votre
réputation. Sous quels auspices plus favorables et
plus glorieux que les vôtres, puis-je mieux pu-
blier des hymnes à perpétuer le souvenir des belles
actions qui, ainsi que votre AUGUSTE CHEF, ne peuvent
être comparées qu'à elles-mêmes ? Recevez ce recueil
de chants guerriers ou chansons analogues à la gloire
des Français et de ses alliés, que j'ai distribué à leur
époque.

Pardonnez à mon faible génie, si le style en est
dur ; car si je savais écrire comme vous savez vous
battre, je serais le premier poëte du monde ; depuis
vingt-trois ans bientôt que la France est dans la tour-
mente, depuis cette époque, dis-je, que j'ai occasion
de me montrer un des soutiens de ma patrie, un

zélé prôneur de vos belles actions, grâce à ma fortune qui me l'a permis, je serais, si j'étais savant, le
plus répandu du Parnasse ; mais non : loin de moi
cette idée d'orgueil, je me connais aussi bien que
je sais vous louer ; si j'avais la vaine gloire de prétendre à des louanges et vous persuader, alors je
serais coupable, et vous pourriez dire : *Animum
pictura possit inani.*

Dignes soldats du grand Napoléon, l'univers retentit du bruit de vos exploits ; vous êtes les fils aînés
de la Victoire, je l'ai déjà dit dans des chants que
je vous ai fait parvenir aux armées (*). Il faudrait la
plume d'Homère pour chanter vos vertus guerrières
et retracer vos glorieux succès ; mais à défaut de
talens, j'ai laissé parler mon cœur. Voilà le fond de
mes poésies. Persuadé que la Renommée du vrai et
du beau est toujours admirable, voilà mon excuse ;
car si le style manque dans mes Opuscules, certes,
l'ouvrage et l'auteur doivent être excusables ; aussi je
réclame l'indulgence de mes braves frères d'armes,
je n'ai d'autres motifs que d'attirer sur vous une partie du haut intérêt que vous inspirez à toutes les nations même les plus éloignées, que votre valeur à
rétablies dans leurs droits respectifs, et à tous les
peuples, à tous les Souverains qui vous doivent ou
leur couronne ou leur repos.

Oui, j'ai été plus d'une fois témoin oculaire de
la valeur de ma nation. Jamais nos armées ne se
sont démenties ; les Français, intrépides en guerre
comme en amour, ont toujours surpassé par l'agilité de leur caractère, surtout par la tactique militaire,

(*) Le Troubadour des armées françaises.

les autres nations. L'histoire chez elles ne fournit pas en aussi grand nombre de meilleurs généraux, soit sous l'ancien régime, soit sous le Gouvernement républicain, et sur-tout depuis le règne de la nouvelle dynastie, vu l'ordre qui règne dans le Gouvernement, les trahisons moins communes, la discipline militaire que l'Empereur fait observer ; la récompense, tout contribue de jour en jour à la gloire que nous acquérons.

Aussi, depuis son règne, ma muse se renforcit pour chanter vos faits glorieux ; vous ne pouviez pas manquer de toujours triompher, étant conduits sous l'égide et le génie du grand homme qui vous trace le chemin de l'honneur ; rien en effet ne peut lui résister, toujours la Gloire l'accompagne ; il est de tous les vaillans Monarques, le plus célèbre capitaine que l'histoire nous cite. NAPOLÉON fait davantage que tous ces grands hommes n'ont fait ensemble ; car tous ses succès, à notre connaissance, sont faits pour nous les faire oublier.

Sans avoir l'esprit de Cicéron, sans posséder l'éloquence de Démosthènes, je rends grâces à l'Être-Suprême, non de m'avoir donné le jour, comme cet orateur le disait devant Alexandre, mais d'avoir créé NAPOLÉON à qui Dieu semble avoir soumis les lois pour la rendre aux hommes et faire exécuter ses décrets célestes ; c'est en effet l'homme unique de son siècle : il l'a envoyé aux mortels pour recevoir ses leçons, ses lois, et abattre nos ennemis, étouffer les passions suscitées sans cesse par ces léopards, ces canards, ces pirates, ces écumeurs de mer de l'île Noire. Oui, c'est le cabinet de Saint-James qui, en tout temps a causé les maux de la France, cette nation rivale et ambitieuse, ces tyrans voulant posséder le droit que la nature donne à tous, la liberté des mers. Ouvrez l'histoire et lisez. Voyons de nos jours ; n'est-ce pas eux qui sont cause de la révolution lors de la dernière monarchie, lors de la naissance de la république étouffée par les factions suscitées par leurs agens, aussi-tôt qu'elle fut née ?

Mais tremblez, ennemis de la France, votre maître est notre père, ses enfans sont là !.. Qu'il commande, et vous êtes submergés, et vos forfaits vont cesser ; il a mis à l'ordre la punition des traîtres, vos calculs seront vains. De tous vos agens secrets il en a effacé jusqu'à la moindre trace. L'on en voit l'exemple tous les jours près de lui ; celui qui trahit, il ne fait pas de grâce. Heureux les peuples qui ont un prince qui ne se laisse pas séduire, ni trop aduler par les courtisans ; qui est tout à-la-fois juste et sévère, qui voit, qui fait et commande tout ; il ne semble subsister que pour faire des heureux : il sait punir comme récompenser.

Anciens guerriers, vous avez combattu pour votre pays, vous avez porté les armes comme républicains. Vous voyez que votre Empereur qui vous commandait alors, a, comme vous, senti que la république, qui lui a valu comme à vous les premiers lauriers, ne pouvait pas en effet s'établir chez un aussi grand peuple que le nôtre, dont le luxe, les arts, la gaieté du caractère sont le patrimoine, et font la boussole principale de son commerce ; son génie à notre Empereur, lui a fait pénétrer en bon politique que les sciences, les arts adoucissent les mœurs, mais ne rendent pas l'homme assez fort et caractérisé pour être républicain et vivre dans l'austérité, comme on voulait nous établir. Je m'y serais soustrait, je l'avoue, j'étais de bonne foi ;

mais ce *Grand homme* était plus pénétrant que nous tous.... il a donc remis aux français le gouvernement qui lui convient le mieux : n'a-t-il pas aussi rétabli la vraie Religion de nos pères en supprimant les abus glissés par l'impureté de conscience des hommes ? Il en a, par sa valeur, fait sceller les lois avec le pommeau de son épée, il les défend avec la pointe. Ils ne sont plus ces jours où l'Europe était avilie, où tous les souverains et leurs sujets tremblaient devant cette terrible Inquisition ; ainsi, guerriers, vous avez été et serez toujours ses plus fidèles soldats, et comme moi vous avez applaudi à son élévation, et vous soutiendrez sa dynastie ; c'est notre dernier serment à tous, et il doit être incorruptible dans nos cœurs.

Grâces vous soient rendues, ô RAISON ! ô NATURE ! ô GRAND GÉNIE ! le fanatisme, sous son règne, n'a plus de pouvoir, il expire ! Plus d'imposteurs ; aussi que d'enfans égarés n'a-t-il pas rappelés par la liberté des Cultes ! Que de nations n'a-t-il pas liées avec la nôtre ! Que de sujets n'a-t-il pas associés aux siens ! Que de bons prêtres, de bons ministres, de vrais directeurs bénissent son règne en plànant sur la tolérance, en ouvrant les portes de la clémence qui fait oublier les malheureux effets du schisme de l'édit de Nantes ! Que de travaux n'a-t-il pas ouverts pour employer les malheureux ! Peut-on rien voir de mieux fait que le Code des Lois de son Empire ? Si ce n'est qu'il puisse refaire les hommes, et empêcher les gens de justice de mal interpréter les intentions du législateur ; au moins il enchaîne leur volonté. Que de juges déjà ont été punis comme prévaricateurs ! Quelle bonne police !

N'est-il rien de plus équitable que l'établissement des impôts par le réglement du cadastrement de toute la France? Son règne enfin est celui de la philosophie.

Que de maux enfantés par la révolution n'a-t-il pas fermés? Il a créé, il a choisi des hommes capables, dans le civil comme dans le militaire, de pouvoir coopérer avec lui à la prospérité de son Empire : c'est créer le talent que de mettre en place ceux dignes d'y être ; il a une vénération pour les grands hommes, il récompense le brave qui s'est distingué, il en fait son ami. Nul souverain n'a un conseil établi comme le sien, n'importe les opinions passées que l'on a eues, pourvu que l'homme rentre dans le devoir, obéisse et le seconde : voilà ce qui s'appelle le génie sans pareil ; c'est de se faire obéir de ses enfans, de se faire craindre, aimer, se faire servir par ses peuples ; aussi tout sujet envie le désir de lui prouver son zèle.

Son génie fait prédire que bientôt par la paix fleurira son Empire. Un tel prince doit en général faire l'admiration du monde, puisqu'il fait la gloire et le bonheur des sujets qu'il gouverne ; son règne est celui de l'âge d'or, un second *Emmanuel!....* Que n'ai-je quelques lustres de moins, je profiterais des jouissances futures. Oui !.... tout comme un Dieu l'on devrait l'adorer, après nous avoir sauvés du péril certain où nous étions entraînés. Puissiez-vous tous sentir ce principe de vérité ! Puissent tous les français vous ressembler, braves guerriers, et m'imiter pour le seconder ; aussi que ne doivent-ils pas attendre de leur destinée, ayant le bonheur d'avoir pour Empereur cet homme inimitable, ce conquérant incomparable !

Recevez donc, braves camarades, de la part d'un
invalide écloppé, qui ne vieillit que trop pour ne
pouvoir jouir de la prospérité de l'avenir ; veuillez
agréer l'hommage d'un ancien chef de phalanges
guerrières, qui a, comme vous, dès l'enfance em-
brassé la carrière des armes. Ancien dragon dès sa
jeunesse sous Louis xv et Louis xvi, puis colonel en
chef au premier bataillon Volontaire pour la défense
de sa patrie; fidèle sujet de Napoléon Ier, qui comme
vous dans les camps, dans les batailles, a glané dans
les sillons du champ de Mars, aussi terrible dans les
batailles contre ses ennemis, que paisible dans ses
foyers, et bon ami, mon patriotisme, l'amour de
mon pays et l'enthousiasme de prendre part à la
récolte de lauriers, m'ont fait voler plus d'une fois
au danger; rentré dans mes foyers par la voie du
sort, l'amour et le zèle ne m'ont jamais quitté, et
comme artiste et comme ami des braves, m'ont fait
tracer sur le papier ce que vous scellez tous les
jours par vos victoires que j'ai écoutées par la trom-
pette de la renommée; aussi, je ne laisse échapper
dans mes productions civiques aucuns faits de vos
belles actions; je le fais pour actionner et pour
encourager l'émulation de cette jeunesse française,
multiplier mes idées et les faire répandre parmi
mes concitoyens, afin que mes chants puissent voler
de bouche en bouche, de camp en camp, même
sous les tentes de nos ennemis; ce ne peut que
leur inspirer le remords et l'impuissance de leurs
cruautés, les pénétrer et les corriger.

Je me suis dit, dès le 14 juillet 1789, époque
remarquable pour l'aurore de la régénération fran-

çaise, voyant cette belle France en partage, en
proie, même presque au pouvoir des autres souverains, je me suis dit : Ma vie, ma fortune ne sont
plus à moi, elles sont à ma patrie. Je ne connais
qu'un Dieu, la Patrie, le Souverain, je leur
dois mon existence ; je me suis dit : J'étais nu
lorsque je suis venu au monde, et je dois finir de
même. Je me suis dit : Je ne m'appartiens pas
quand ma patrie est en danger. Oui, chacun en
son particulier doit se rendre utile suivant son
intelligence intellectuelle, y mettre courage, prudence, travail, génie, persévérance ; nous sommes
nés pour cela ; c'est le premier des devoirs de l'homme
que de servir son pays, de se soumettre aux lois.

Puisse ce faible tableau, où je récite une partie
de vos conquêtes, occuper quelques instans de vos
loisirs ! Puissent ces couplets dictés par l'admiration,
la reconnaissance du bonheur de la France, du devoir
des Français envers leur Souverain, en marquer les
événemens glorieux qui viennent d'avoir lieu dans
la capitale et dans vos cantons ! Puissent embraser
du même feu de reconnaissance et l'amour de la
patrie, vos puînés qui sont appelés à partager votre
gloire et à moissonner de nouveaux lauriers, et
ensemble faisons chorus ; portons des toats à l'heureux événement de la naissance de l'Enfant de
France, à la prospérité de la grande nation, à la
gloire de nos armées, en disant : Vive l'Empereur,
l'Impératrice et leur digne rejeton!....

Tout à vous, votre frère d'armes,

P.....

# ODE SUR LA PAIX.

~~~~~~~~~~

Mes étrennes, mon hommage au Grand Napoléon
premier, Empereur des Français, roi d'Italie, Protecteur de la Confédération du Rhin , Médiateur de
la Suisse , au retour de ses glorieuses campagnes
d'Allemagne, de Hongrie, d'Autriche, de Bohême,
après la victoire de Wagram, à son arrivée dans la
capitale de son Empire, première cité du monde, sa
belle, sa superbe, sa grande, sa riche et bonne ville
de Paris; à lui adressés par un Français , le premier
janvier 1810.

L'affaire de Wagram est une de nos superbes victoires; j'en tiens les détails du brave *Vassenau*, colonel au 17e de ligne, qui a eu son épée rompue par
un boulet, et son cheval tué sous lui. L'empereur le
fit colonel, et le nomma Baron de l'Empire.

# ODE SUR LA PAIX,
## ADRESSÉE A L'EMPEREUR.

Fils d'Apollon, dont la brillante lyre
A célébré l'amour et les héros ;
Homme immortel, maître d'un vaste empire ,
Viens recevoir le prix de tes travaux.
Dans tes exploits l'humanité respire ;
Ta voix instruit les peuples et les rois ;
A tes accens le fanatisme expire,
Et la raison reprend enfin ses droits.

Des préjugés perçant la nuit profonde,
De tout méchant tu deviens la terreur,
Et tu soutiens la liberté du monde,
En arrachant le bandeau de l'erreur.
Ah ! connais les vœux de toute la France ;
Dans les Français vois un peuple de frères
T'offrir l'heureux tribut de sa reconnaissance,
En jurant de combattre sous tes bannières.

Si des talens tu parcours la carrière,
Prince illustre, c'est toi qui leur rend la lumière ;
L'homme étonné croit voir le fils des dieux ;
Ton aigle, loin des mortels, plane dans les cieux ;
Ta noble audace présage un siècle de gloire ;
Tu désarmes l'envie et ses odieux serpens ;
Tu fais de l'ignorance oublier la mémoire,
Et la science à tes pieds dépose son encens.

Dans ce vaste univers des tributs asservi,
Tu venges les outrages et viens briser les fers.
Par toi les nations esclaves affranchies
Ont proclamé ton nom dans mille endroits divers.

Contre ses bourreaux tu protèges l'innocence ;
Malgré lui, tu sauvas un peuple fanatique ;
Ah! pour l'humanité quel trait de bienfaisance ;
Tu fais tomber l'inquisition despotique.

Reçois, GRAND PRINCE, du patriote *Palloy*,
Cette palme que te présente son cœur ;
Celui qui n'a jamais méconnu ta loi,
Et sut toujours révérer le vainqueur.
De ton grand nom la France s'enorgueillit ;
Vois renaître la paix, compagne du bonheur.
La *Bastille* est tombée avec la tyrannie ;
Paris dans son sein possède le vainqueur.

Tu feras des heureux, tu le seras toi-même.
Les peuples que le sort a soumis à tes lois,
Du sort à chaque instant confirmeront le choix.
On élit tous les jours un chef que l'on aime ;
Je mets ma gloire à te témoigner mon zèle,
     A t'aimer, à te faire servir ;
Ah! si mon cœur te doit être infidèle,
Cent et cent fois je veux plutôt mourir!!!

GRAND NAPOLÉON, chéri de toute la France,
Fertilise nos champs, protège nos remparts ;
Tu ramènes la paix et l'heureuse espérance :
Tu répares le Louvre ; tu protéges les arts.
Inspire-nous tes vertus, tes talens, tes lumières,
L'amour de nos devoirs, le respect de nos droits
Et la liberté pure des lois tutélaires,
    Enfin des mœurs dignes de toi.

P.....

# LE TE DEUM FRANÇAIS,

## O U

## L'INVOCATION D'UN BON CITOYEN.

〰〰〰〰〰

Dieu, maître du monde entier , protecteur des souverains et des peuples, père du genre humain, vous qui êtes aussi juste que puissant, je viens dans votre temple la métropolitaine, la première église de l'Empire français, me prosterner aux pieds de vos autels pour vous remercier ; je viens implorer votre clémence en venant faire un acte de contrition, vous demander la rémission des fautes ou erreurs de mes concitoyens et des miennes commises involontairement pendant la révolution. Appaisez votre courroux, grand dieu! en nous donnant la paix, en vous priant de recevoir les vœux que je fais pour ma patrie et pour le prince qui nous gouverne.

Faites briller sur lui et sur nous l'éclat de votre sainteté toute-puissante, afin qu'en ce monde nous vivions en repos avec ceux qui nous provoquent depuis vingt ans, qui haïssent la paix, qui sacrifient leurs sujets à leur vengeance haineuse, à leur prétention mal fondée, à leur ambition démesurée, qui ne veulent que notre désunion, qui cherchent à attiser le flambeau de la guerre civile, du fanatisme, qui enfin veulent la destruction humaine ! réunissez-nous, GRAND DIEU, comme tous frères vous appartenant ! Comme nous, qu'ils professent la morale de la vertu, qu'ils aiment leur prochain comme eux-mêmes ; et qu'ils ne croyent plus que nous sommes de ces enfans égarés et sans père, qui était, comme dans un temps de terreur, écrasé par le pervers qui refusait de marcher dans la route de la vérité ! Récompensez le bon, faites que dans l'autre monde nous soyons intimement unis avec les bienheureux citoyens, avec ces braves qui ont défendu avec un patriotisme courageux et vertueux leur patrie, les hommes, l'humanité, et secouru leurs semblables dans leur besoin.

Je vous rends grâces, ô mon DIEU, d'avoir jeté un regard paternel sur la France, d'y avoir établi l'ordre, d'avoir senti nos besoins en créant la dynastie dans la personne de NAPOLÉON. Ce chef philosophe, patriote diplomate et grand capitaine, semble être un génie descendu du ciel, créé et inspiré par vous pour régler les hommes, épurer les mœurs, perfectionner les états, rétablir la vraie religion, celle de vos apôtres, remettre l'union dans l'église et parmi vos sujets, vos enfans. Hélas ! que ne vous dois-je pas grand Dieu ! Depuis vingt ans vous avez protégé les armées françaises sans cesse attaquées, et qui toujours n'ont cessé de vaincre dans un temps orageux, moment où le peuple français, malgré la valeur de ses armes, était prêt à succomber par des déchiremens intestins ; vous avez voulu faire punir et chasser les méchans ; vous nous avez donné non un fantôme pour souverain, mais un empereur homme. Qui avait plus en effet mérité la couronne que lui ? Il s'acquitte de son devoir, et sait faire respecter ses droits ; il a écrasé les factions ; le Code des lois est un chef-d'œuvre ; il sait ce que pèse un sceptre, et ce que vaut une épée ; il se sert de l'un et de l'autre à propos par votre puissance.

La France, habituée à la monarchie, avait donc besoin d'un prince laborieux autant qu'intrépide pour la gouverner, vous lui en avez donné un ; et en armant ce prince, vous avez donné force à sa Majesté pour soutenir son courage persévérant. Sans lui, grand DIEU ! la France serait en guerre civile, en proie à ses ennemis, avec ceux de l'humanité, et qui sont amis du fanatisme et du parjure ; au contraire elle reprend sa première splendeur.

Aussi je vous remercie et vous implore, DIEU TOUT-PUISSANT, de continuer vos bontés pour ma patrie : oui, mes prières et mes chants sont en actions de grâces que je vous rends des nouvelles victoires que nous venons de remporter, d'avoir fortifié le courage de nos soldats ; bénissez toujours leurs armes, et continuez vos regards de bienfaisance sur la France ; conservez, protégez, prolongez les jours autant longs qu'heureux à NAPOLÉON PREMIER, à sa

famille, à ses descendans, pour le bonheur de ma
patrie.

Nous vous adorons, DIEU TOUT-PUISSANT, et nous
vous reconnaissons pour le Seigneur de l'univers ;
toute la terre vous révère comme le père et la source
de tout être. Les séraphins et les chérubins, les anges
et toutes les puissances célestes chantent sans cesse
pour vous rendre hommage. Vous êtes le DIEU, le
chef des armées ; les cieux et la terre sont remplis
de la grandeur et de l'éclat de votre gloire. O DIEU,
dont la majesté est infinie ! Seigneur, sauvez-nous,
sauvez la France ; bénissez ce peuple valeureux,
conduisez-le jusques dans l'éternité bienheureuse ;
ayez pitié de nous, conservez-nous en ce jour purs
et sans péchés ; répandez sur nous votre miséricorde,
et sur tous vos enfans : c'est en vous que nous met-
tons notre espérance ; recevez le culte de tous les
peuples qui vous adorent ; ne permettez pas que
nous soyons confondus avec les athées !

Exaucez les vœux de notre souverain, faites-lui
déployer contre nos ennemis la force de son bras
tout-puissant ; il ne met sa confiance que dans votre
pouvoir céleste ; et le salut qu'il recevra de vous
fera toute sa joie et la nôtre. Puisqu'il a reçu de
vous la conduite de la France, qu'il reçoive l'ac-
complissement de toutes les vertus, qu'il hait les
vices ; en grand homme, qu'il abhorre les courtisans
comme autant de monstres, qu'il soit toujours victorieux de ses ennemis ; et qu'agréable à vos yeux par
ses bonnes actions, il puisse un jour arriver jusqu'auprès de vous, qui êtes la voie et la vérité du
bonheur de la vie éternelle.

Oui, DIEU, vous qui êtes la source des hautes actions des saints désirs, des bons desseins et des
conduites justes, donnez à vos serviteurs cette paix
que le monde ne peut donner, afin que nos cœurs
s'appliquent à votre loi, que les travaux repren-
nent pour le soulagement des malheureux, que
votre abondance se répande sur nous avec tous les
dons de la grâce, et que nous jouissions sous votre
protection d'une heureuse tranquillité tout le temps
de notre vie ; et qu'après notre mort, notre ame
aille aux cieux pour attendre votre jugement, dont
nous implorons d'avance votre miséricorde. Ainsi
soit-il.

P. . . . .

*Nota.* Ouvrage fait le jour de l'action de grâces pour la victoire de Wagram, le 6 juillet 1810, remportée par les Français.
Cette pièce fut distribuée à la porte de Notre-Dame aux frais de
l'auteur, le jour de la cérémonie, au nombre de trois mille.

# FÉLICITÉ DE LA FRANCE.

## HOMMAGE

A MARIE-LOUISE, *Archiduchesse d'Autriche,
épouse de* NAPOLÉON Ier, *Empereur des
Français, Roi d'Italie, Président de la Confédération du Rhin, et protecteur du Gouvernement
Suisse.*

### SOUVERAINE,

COMPAGNE d'un héros, d'un monarque adoré,
Toi, dont le monde entier proclame la clémence,
Ah! permets à l'Amour, à la Reconnaissance,
    De célébrer ton nom sacré!
Par des déchiremens, trop long-temps énervée
La France succombait sous le poids de ses maux;
Pour lui rendre la vie, il fallait un héros....
NAPOLÉON parut, la France fut sauvée;

Le malheur s'éclipsa devant sa Majesté :
Le ciel, pour ajouter encore à notre ivresse,
Sur le trône avec lui fit monter la Sagesse,
Et la Candeur et la Bonté.
Si ce Prince auguste est le père,
MARIE-LOUISE est des malheureux
Le soutien, l'appui tutélaire.
Pour le bonheur du monde ils régnèrent tous deux.
De leurs brillantes destinées,
Dieu puissant! protège le cours ;
Et retranche à nos plus beaux jours,
Pour ajouter à leurs années.

P.....

Présenté à leurs Majestés Royales et Impériales par l'auteur, et distribué à ses frais aux dix mille spectateurs, placés dans la grande Galerie du Louvre pour voir passer le superbe cortège des Rois, Reines, Princes et Témoins, assistant à la messe, le jour de la célébration de leur mariage, le 2 avril 1810.

Adressé aux Princes étrangers, aux Ministres, aux Autorités constituées, tant civiles que militaires de l'Empire, par un Français, ami sincère de sa patrie, et fidèle sujet du prince qui la gouverne.

# COUPLETS EN L'HONNEUR

# D'UNE ROSIÈRE,

## MARIÉE A UN BRAVE.

~~~~~~~~

AIR: *Jeunes amans, cueillez des fleurs.*

DE la pudeur et de l'amour
Réunion enchanteresse !
Au temple d'Hymen en ce jour
Le Plaisir conduit la Sagesse.
Fière des plus doux attributs ,
La Beauté dout l'Hymen dispose,
A mérité, par ses vertus ,
D'obtenir le prix de la rose.

Honneur au prélat vertueux
Qui choisit la fleur printannière,
De l'innocence emblême heureux,
Pour en couronner la Rosière !

De Médard *, au fond de nos cœurs,
Que le nom révéré repose !
Pour fonder l'empire des mœurs,
Il créa le prix de la rose.

La douce et modeste candeur,
La simplicité pastorale,
L'amour du travail, la pudeur
Et la piété filiale,
Tels sont, pour obtenir le prix,
Les devoirs que Médard impose....
L'épouse les a tous remplis,
Elle obtient le prix de la rose.

Dans ces jours de deuil et de pleurs,
D'effroi, de combats et d'alarmes,
On sembla négliger les mœurs,
Et la vertu perdit ses charmes.
Mais dans les lieux où de Médard
L'humble institution repose,
La beauté modeste et sans fard
Sut toujours mériter la rose.

Enfin, pour rétablir les mœurs,
Ramener la paix, l'abondance,
Et rendre les Français vainqueurs,
Un Dieu sauveur parut en France **.
Sous lui, la vertu de retour
Sur des bases d'airain repose ;
Et chaque Française, à son tour,
Obtiendra le prix de la rose.

Rose d'amour ! Rose d'honneur !
Cueille les roses d'hyménée,
Et que les roses du bonheur
Embellissent ta destinée !
En ta faveur, heureux époux,
Aujourd'hui l'Hymen en dispose :
Connais le prix d'un bien si doux !
Connais tout le prix de la Rose.

P.....

---

* Le fondateur de la Rosière.   ** Napoléon.

Je fis imprimer et distribuer cette chanson, le 2 décembre 1807, comme on peut le voir dans mon cayer-chansonnier, qui a pour titre *le Troubadour des armées françaises*, d'après le décret qui ordonne que tous les ans, pour marquer l'anniversaire du couronnement de l'Empereur et de la fameuse bataille d'Austerlitz, qu'il se fairait tous les ans un mariage dans chaque commune de son Empire entre un brave et une fille sage, aux frais de l'Etat, avec un trousseau qui leur serait donné; que ces deux époux seraient choisis par les communes comme les plus vertueux.

Je la fis réimprimer, en mémoire de cette heureuse journée de l'alliance de leurs Majestés Impériales et Royales, au nombre de deux mille exemplaires, et distribuer dans les douze municipalités des communes du canton de Paris, chef-lieu du département de la Seine, et aux 78 communes rurales dépendant des sous-préfectures des cantons de Sceaux et Saint-Denis, le jour que la ville a associé un militaire avec une Rosière, jeune fille pauvre. Ces nœuds conjugaux ont été célébrés dans chaque arrondissement municipal, en leur tenant compte de 600 fr. pour trousseau, et le repas de noces aux frais de chaque commune, les autorités y assistant en réjouissance de cette heureuse alliance de NAPOLÉON Ier avec MARIE-LOUISE, Archiduchesse d'Autriche. Dans ma commune, à Sceaux-l'Unité, j'ai fait don à ces jeunes époux de mes œuvres patriotiques pour contribuer à la félicité publique de leur nœud conjugal, et leur servir de délassement dans leur petit ménage.

# A LA GLOIRE
## DU GRAND HOMME,

O U

## L'ARC DE TRIOMPHE

### DU PALAIS IMPÉRIAL.

Chant composé à la louange des artistes qui ont concouru à la perfection de ce monument triomphal, chef-d'œuvre de la miniature, par un artiste patriote, amateur, admirateur du beau, du vrai, ami des vertus et des arts.

A I R *d'Éginard et Imma* (*),

O U

*Amis, sous le chef qui nous mène.*

QUEL vaste et superbe portique
A nos yeux, à nos cœurs émus,
Retrace le triomphe antique
Et des Sévère et des Titus ?
Ce monument de la victoire
De nos intrépides guerriers
A jamais consacre la gloire
Et les exploits et les lauriers.

---

(*) La musique se trouve chez madame Decombe, quai de l'Ecole au bas du Pont-Neuf.

De Vitruve dignes émules,
PERCIER, FONTAINE, noms fameux (*) !
Aux travaux des nouveaux Hercules
Elèvent cet arc glorieux !
Du dieu des arts avec constance
Vous desservîtes les autels ;
Immortalis z la vaillance,
Vous aussi serez immortels.

D'artistes amans de la gloire,
Près de vous se pressent les flots.
*Le Sueur* offre la Victoire ;
Elle couronne le héros.
Aux noms chéris pour la patrie,
*De Boichot, Garnery, Besnier ;*
Le même talent associe
*Dupasquier, Taunay, Montpellier.*

D'autres encore, chers à la France,
Partagent vos nobles travaux ;
Ils décrivent le cercle immense
Des triomphes de nos héros.
*Cartelier* retrace leur gloire
Devant les remparts d'ULM soumis ;
*Esparcieux* peint la victoire
Aux champs immortels d'AUSTERLITZ.

Admirons leur entrée à VIENNE ;
Tout fléchit devant nos guerriers :
En nous la retraçant, *de Seine*
Semble partager leurs lauriers.
Du prince dans MUNICH émue,
*Clodion* offre le retour ;
*Ramey*, la célèbre entrevue ;
*Le Sueur*, la paix de PRESBOURG.

Sur cette enceinte magnifique,
Qui groupa cette jolie enfant !
Et plus haut encore, dans l'attique,
Quel bas-relief intéressant !

(*) Noms des premiers architectes de l'Empereur ; les autres mots en italique
sont les noms des artistes choisis par eux ; comme sculpteurs et autres.

Qui n'y reconnaît la manière
Et le talent de *Callamar*,
Soutenu dans cette carrière
Par *Fortin*, *Dupont* et *Gérard!*

Mais pour augmenter le prestige,
Et nous frapper d'étonnement,
Le plus majestueux quadrige
Couronne ce beau monument;
De *Lemot* les talens magiques
Adaptèrent avec succès
A ces quatre coursiers antiques
Le char, la Victoire et la Paix.

Recevez aussi nos hommages,
*Corbet*, *Chinard*, *Faucon*, *Dardel!*
*Launay*, *Montoni!* Nos suffrages
Sont dus à votre art immortel!
*Bridau*, *Theleu*, *de la Fontaine*
Complètent les vastes travaux,
Et la gloire à jamais enchaîne
Leurs noms à ceux de nos héros.

P.....

# DESCRIPTION.

Il faut décrire cet arc de triomphe et ce superbe édifice, commencé en 1806 et fini en 1808, qui orne la place du Carrousel, qui ne laisse rien à désirer pour l'élégance et la beauté. Il a de haut quarante-cinq pieds ( quatorze mètres soixante centimètres ); sa largeur est de soixante pieds ( ou dix-neuf mètres cinquante centimètres ), et son épaisseur de vingt pieds et demi ( ou sept mètres trente centimètres ). Cet arc, élevé à la gloire de la grande armée, semble avoir été saisi d'après les arcs de Septime-Sévère et de Constantin; comme eux, il se compose de trois arcades dans sa largeur : mais il a de plus une arcade

transversale qui coupe les trois autres en croix. Toute
la masse de la construction est en pierre de liais,
d'un grain très-beau, appareillé avec le plus grand
soin, ainsi que la construction qui fait l'éloge de l'en-
trepreneur, M. *Beudot ;* homme instruit, ayant beaucoup voyagé, et qui a été comme élève à Rome.

Huit colonnes de marbre rouge du Languedoc
ornent les deux faces principales, et soutiennent un
entablement en ressaut, dont la frise est en griotte
d'Italie, et sur lequel sont placées autant de statues
françaises qui représentent des militaires de toute
arme. Ces colonnes sont d'ordre corinthien avec em-
bosse et chapiteaux de bronze ; l'on y a placé avec
justesse des aigles au ressaut. C'est en effet le roi des
volatiles, dont la représentation servait anciennement
au chapiteau des colonnes du temple dédié à Jupiter,
avec une étoile qui marque l'immortalité ; au-dessus
est un attique surmonté d'un double socle que couronne un quadrige.

Les voûtes en arrête des portes latérales sont déco-
rées de foudres, de branches de laurier, de palmes
et du monogramme de l'Empereur. Dans la voûte de
la porte du milieu, qui est ornée de caissons, on a
placé au centre un bas-relief qu'on voit horizontale-
ment, et qui représente S. M. en habits impériaux,
couronnée par une Victoire. Au tympan des archi-
voltes sont des figures, des fleuves : au-dessus des
deux grandes ouvertures sont des Renommées. Au-
dessus des petites portes sont des bas-reliefs de marbre
blanc, qui offrent autant d'actions de la campagne de
1805. Les inscriptions en lettres d'or, sur un fond
de griotte d'Italie.

# FAITS HISTORIQUES.

## CAPITULATION DEVANT ULM.

Ce bas-relief représente le général Mack présenté à S.M. l'Empereur des Français, immédiatement après la capitulation de cette ville, le 17 octobre 1805.

Deux jours après cette capitulation, S. M. l'Empereur accorda une audience au général Mack, après laquelle il a été signé une addition à la capitulation, qui stipule que la place sera évacuée le lendemain 20. On y a trouvé vingt-sept mille hommes, trois mille chevaux, dix-huit généraux et soixante pièces de canon attelées.

Une telle victoire est bien digne d'être transmise à la postérité. Aussi, de cette campagne, j'en ai fait un Vaudeville de trente-sept bulletins, formant deux cent quarante couplets, qui a pour titre *la Gaîté militaire*. Distribué en 1806.

Au-dessus du fronton de ce bas-relief sont placées deux statues : celle à gauche représente un cuirassier ; celle à droite représente un dragon, de grandeur naturelle.

## VICTOIRE D'AUSTERLITZ.

Le général Rapp, aide-de-camp de S. M. l'Empereur des Français, lui présente le général Repnin, qui remet son épée, et d'autres prisonniers faits à cette bataille ; le général Bernadotte est à la gauche de S. M. l'Empereur.

Des troupes ennemies, épouvantées par l'artillerie
nombreuse et formidable des Français, s'étaient
réfugiées sur la glace ; vingt mille hommes d'entre
elles sont engloutis ; trente mille sont faits prisonniers ; artillerie, drapeaux, étendards, chevaux, ba-
gages sont au pouvoir des Français. C'est une des
actions les plus mémorables dont on n'ait jamais jusqu'alors vu un si terrible exemple : aussi est-il regardé capable de décorer ce monument.

Les deux militaires représentés au-dessus, sont un
chasseur à cheval ; le second, un carabinier de
cavalerie.

## ENTRÉE DANS VIENNE.

L'on voit sur ce bas-relief le clergé, la noblesse
et le corps municipal de la ville arriver en députation
à S. M. l'Empereur des Français, et lui présenter les
clefs de la place, comme un témoignage de respect
et de soumission au vainqueur : le prince Murat est à
la gauche de S. M. l'Empereur.

Cette expédition date du 22 novembre 1805. On
trouva dans cette ville plus de deux mille pièces de
canon ; une salle d'armes garnie de cent mille fusils ;
des munitions de toute espèce ; enfin, de quoi former
l'équipage de campagne de trois ou quatre années.

## ENTRÉE A MUNICH.

Le sujet que représente ce superbe morceau, est le
roi de Bavière que l'Empereur des Français reconduit
dans sa capitale : une foule de peuple, dans l'attitude

du respect et de la reconnaissance, arrive au-devant des deux souverains. De l'autre côté, l'on voit la suite des monarques jouissant à-la-fois de la double satisfaction de voir leur intimité et l'accueil que les princes paraissent témoigner au peuple.

Les statues placées au-dessus représentent un grenadier et un carabinier de ligne.

## ENTREVUE DES DEUX EMPEREURS.

Ce sujet représente l'Empereur d'Autriche se présentant au bivouac de l'Empereur des Français, pour lui faire des propositions de paix, et lui demander un armistice. Le vainqueur l'accorda, et l'on se soumet aux conditions imposées par lui. C'est dans la conversation que ces deux monarques eurent ensemble, que l'on remarque l'Empereur NAPOLÉON disant à l'Empereur d'Autriche : « Je vous reçois dans le seul « palais que j'habite depuis deux mois. » François II lui répondit : « Vous tirez si bon parti de cette habi- « tation, qu'elle doit vous plaire. »

Les statues qui sont au-dessus représentent un canonnier et un sapeur.

## PAIX DE PRESBOURG.

Ce bas-relief est le seul des six qui soit traité allégoriquement. Au moment où l'Histoire écrit, près a ville de Presbourg, la campagne de 1805, la Victoire trace, avec la pointe de son épée, le mot PAIX. Au-dessus de leurs têtes paraît dans le ciel le signe zodiacal du mois de la date du traité : il a rapport au 25 décembre 1805. Au milieu paraît la ville de Presbourg, sous la figure d'une femme portant une couronne murale, et appuyant le bras droit sur un écusson qui marque le mot *Presbourg*. A sa droite est une Renommée qui répand des couronnes sur des militaires chargés de faisceaux d'armes ; au-dessus est une aigle tenant l'épée de l'Empereur NAPOLÉON. On distingue, sur le devant, différens attributs de guerre ; un mortier, une giberne, des bombes et des boulets.

———

Au-dessus, ce sont des bas-reliefs en figures allégoriques tenant les armoiries de l'Empire et celles des nations vaincues. Le quadrige qui couronne ce monument, ce sont des chevaux qui sont antiques ; ce sont ceux qu'on a conquis à Venise, et que l'on connaît vulgairement sous le nom de *chevaux de Corinthe*. Les deux figures de la Victoire et de la Paix qui retiennent les chevaux, le char et ceux que la Reconnaissance y place déjà, sont en plomb, et dorés d'or mat.

Au-dessus de la porte du milieu sont deux tables de marbre blanc, sur lesquelles doivent être placées les inscriptions que l'Institut s'occupe maintenant à rédiger. En attendant, pour ne rien laisser de vide, je me permets de les faire, pour marquer ma reconnaissance ; si ce n'est pas en style lapidaire, c'est comme Français, d'après les vertus de mon Empereur, de ce grand homme enfin qui nous annonce un avenir heureux, une félicité parfaite à nos descendans.

## PREMIER CÔTÉ.

Tout comme un Dieu sauveur nous devons adorer
Ce génie étonnant, cette étoile du monde;
Des Français, Citoyens, que l'ardeur le seconde:
La paix et le bonheur nous devons espérer.
France, de son amour son enfant est le gage,
Et tes félicités passeront d'âge en âge.

## SECOND CÔTÉ.

Le génie étonnant que l'univers admire,
Le Grand NAPOLÉON me fait ici prédire,
Que bientôt l'univers jouira des bienfaits
        D'une éternelle paix.....
Ce Prince, des Français quand l'ardeur le seconde,
Fixera les destinées du monde.

Il fallait un Souverain comme NAPOLÉON pour faire renaître les arts, faire revivre les hommes à talent qui étaient oubliés depuis un siècle; il fallait des architectes, constructeurs et dessinateurs, qui associassent leur talent comme MM. *Fontaine* et *Percier*, qui eussent autant de patriotisme, qui sentissent la gloire de leur patrie, pour trouver l'imagination d'un chef-d'œuvre comme est l'arc de triomphe du Carrousel, qui est construit dans toutes les proportions. L'on peut regarder cet ouvrage comme un modèle d'un fini parfait, d'un génie créateur par la richesse et la magnificence du goût. Tout y est beau, tout y est rendu avec justesse et grâce; la nature semble avoir rassemblé tous les talens dans le monde enchanté de l'art. Cette entrée, majestueuse et agréable, est bien digne de l'entrée d'un palais comme les Tuileries, occupé par un si grand prince. La sculpture en est portée à son dernier degré de perfection; l'on dirait que les attributs militaires sont apportés des camps, des armées tout exprès comme produits des véritables victoires ; la sculpture y est si vraie, qu'elle est à s'y méprendre : ce qui fait que les yeux se remplissent d'idées, et égaient l'esprit et le goût. Ayant tout contemplé l'on s'en va, avec une imagination satisfaite d'avoir admiré ce chef-d'œuvre.

Voilà ce que j'ai senti comme artiste, comme Français, comme patriote.

P.....

Nota. J'ai fait hommage à chaque artiste de plusieurs exemplaires, pour leur prouver le cas que je fais des hommes à talent.

# L'ÉTONNEMENT DE JUPITER,

ET

## LES AIGLES ET LES LÉOPARDS.

### APOLOGUE.

Tout ce qui est à la gloire de la France et à la honte de l'Angleterre, je me fais un devoir de le propager, comme fidèle copiste, et non, dans cet ouvrage, comme auteur. Je le fais, je le répète, pour inspirer de l'amour pour l'une, et de la haine pour l'autre ; cette dernière méritant toute l'indignation du genre humain par les atrocités que les Anglais ne cessent de faire sur la terre et sur mer. J'ai reçu un Recueil rédigé par M. *Antoine Caillot*, je ne sais de quelle part, avec une estampe en tête où

est écrit : *Dédiée aux braves de la grande Armée.*
Sur cette gravure, on remarque le dieu Mars, qui,
du haut des cieux, distribue des couronnes aux vainqueurs. J'y ai lu, avec plaisir, de très-bonnes pièces
de vers, faites depuis la signature de la paix, par un
auteur agréable, MONSIEUR PIIS....... Son nom suffit ;
c'est orner mon Recueil, puisque, dès l'aurore de la
révolution, il n'a cessé de donner des preuves d'un
bon poète, d'un civisme aimable autant qu'ardent.
J'ai pensé que cette addition ne nuirait pas dans le
voyage avec mes faibles Opuscules. D'autant que je
serai étayé par les siennes, remplies de morale ins-
tructive, alors tout passera ; je conviens que tout sera
de la contrebande dans de certains pays, *sur-tout
dans l'île des Léopards;* mais au petit bonheur, je
me trouverai heureux, et mes vœux seront remplis,
en propageant de bons principes, en égayant nos
alliés, et faisant rétrécir les griffes de nos ennemis ; si
encore je pouvais éclairer ceux qui sont dans l'erreur
sur l'existence de la renommée française et la bonté
de notre cause, si je réussis et que mes dons soient
agréés, mes peines seront bien payées.

## L'ÉTONNEMENT DE JUPITER.

« QUI donc change la France et l'Europe, et le monde !
Dit Jupiter saisi d'une stupeur profonde.
« A la face du ciel, quelle invisible main
« Cimente pour toujours la paix du genre humain ?
« — Vraiment, répond Minerve au maître du tonnerre,
« C'est l'œuvre du Destin et du dieu de la guerre,
« Qui, dans ce nouveau siècle, absens du Panthéon,
« Ne font qu'un sur la terre avec NAPOLÉON. »

# LES AIGLES ET LES LÉOPARDS.

## APOLOGUE.

Des Aigles divisés d'abord,
Mais rapprochés depuis, comme au bon temps de Rhée,
Vers le plus haut de l'Empyrée
Venaient de prendre ensemble leur essor.
Des Léopards, isolés sur la terre,
Les contemplaient d'un air plus que jaloux,
Et leur criaient d'en bas, ne pouvant pas mieux faire :
« Auriez-vous le dessein de fondre un jour sur nous ? »
Les Aigles, à planer fidèles,
Leur répondirent en ces mots :
« Trop rusés Léopards, de vos larges naseaux
« La flamme malgré vous jaillit par étincelles ;
« Et vos rugissemens nouveaux
« Manifestent encore une soif de querelles.
« Mais pour votre bonheur, et pour notre repos,
« Au vœu du genre humain, cessez d'être rebelles ;
« Vous pourriez quelquefois nager entre deux eaux,
« Et même plonger à propos ;
« Mais vous n'aurez jamais nos ailes. »

Par M. Piis.

~~~~~~~~~~~~~~~~~~~~~~~~~~~~~~~~~~~

# LA FONTAINE IMPÉRIALE,

### OU

## LA COLONNE DE LA RENOMMÉE.

~~~~~~~~~

Monument érigé après la paix avec la Prusse, qui marque le passé, le présent et l'avenir ; il fut élevé pour l'utilité de tous, pour la gloire de tous, servant de table nationale aux inscriptions civiques qui attesteront aux voyageurs la gloire, les victoires de NAPOLÉON, l'intrépidité de ses guerriers, à nos descendans le dévouement, la bravoure de leurs pères pour leur patrie, enfin la valeur française (1).

———————

AIR : *J'ai vu partout dans mes voyages.*

QUELS prodiges dans ses murailles
Paris présente à nos regards !
A la voix du dieu des batailles
Partout ressuscitent les arts.
Il dit aux rois : Dans la poussière
Vos fronts superbes sont cachés (2).
Aux arts il ouvre la barrière,
Et dit : *Levez-vous et marchez !*

Soudain des monumens s'élèvent (3);
De vastes canaux sont ouverts ;
Des blocs de marbre se soulèvent,
Et sont suspendus dans les airs.

Le siècle de ce prince auguste,
Par ses prodiges, ses succès,
Rappelle les siècles d'Auguste,
De Léon X, de Périclès (4).

Il dit, et soudain les Naïades
A sa voix s'élèvent des flots,
Partout font jaillir les cascades,
Et baignent Paris de leurs eaux.
Sous les débris des tours antiques,
Séjour du crime et du remords (5),
De leurs retraites pacifiques
Elles répandent les trésors.

Entre ses *cornets d'abondance*,
Quel *palmier* sort du sein des eaux !
Je vois avec la *Vigilance*,
Tous les attributs du Héros ;
C'est la *Prudence* qui discute
Les plans des succès qu'il obtient,
La *Force* qui les exécute,
La *Justice* qui les maintient (6).

Quel souvenir ! quels traits rapides !
Tout mon cœur en a tressailli !
Le *Mont-Thabor! les Pyramides!*
*Arcole! Lodi! Rivoli!*
*Marengo!* cher à la victoire !
*Austerlitz*, non moins éclatant !
*Ulm! Iéna!* champ de la gloire !
*Eylau! Dantzick et Friedland* (7)!

Le *feu*, l'*air*, et la *terre* et l'*onde*,
Les *élémens*, les vents réunis,
Soutiennent le *globe du monde* (8)
Qui s'offre à nos regards surpris.
La *Renommée* étend ses ailes.....
Et répand des flots de *lauriers*
Sur les phalanges immortelles
De nos intrépides guerriers (9).

P.....

# RÉFLEXIONS

*Sur l'allégorie ingénieuse qui forme cette Fontaine.*

La supériorité de l'ensemble de ce monument pèche peut-être en ce qu'il est un peu maigre par le fût de la colonne qui représente un palmier ; aussi a-t-on eu l'intention de vouloir présenter l'arbre de la gloire et de la paix. Mais hors ce, il est digne d'être au nombre des monumens des beaux-arts par sa composition et par sa netteté ; il est digne du sujet qu'il traite, qui le rend aussi agréable aux yeux qu'utile pour l'usage dont il est établi ; en même temps pour l'histoire, en nous rappelant nos conquêtes les plus remarquables. Par ses attributs, il devient monument national ; il devient la table de l'inscription civique. L'idée en est neuve, l'invention en est juste et bien sentie. Cette fontaine est un chef-d'œuvre d'architecture : dans son genre hydraulique, c'est une des plus belles fontaines de Paris après celle du Marché des Innocens et celle de la rue de Grenelle ; sa conception martiale prouvera en tout temps le génie, le civisme de son auteur, et le siècle où il vivait.

Ce qui prouve que quand un prince comme NAPOLÉON protège les arts, honore les hommes vaillans et vertueux, attache le mérite aux états, tant civils que militaires, sait apprécier leur patriotisme, encourage ceux qui se sacrifient pour leur patrie, récompense leur dévouement, fait classer chacun de ses sujets à leur place , il est sûr que tout le génie se rassemble ; savans , lettrés , philosophes , artistes , tous ne travaillent à répandre leurs lumières parmi leurs concitoyens que pour le bien général, la prospérité de l'Etat, la gloire du monarque et pour le bonheur commun de son Empire.

Tout prouve que c'est par de belles actions qu'on mérite l'attachement de ses sujets , lorsque l'on donne l'exemple ; par-là on obtient une réputation glorieuse et immortelle. Le grand législateur fait des lois ; mais lorsqu'elles sont soutenues par la valeur, la force, la prudence , la justice, l'État prospère plus vîte ; les vertus du peuple, à son exemple , conservent ses sentimens nationaux , en laissant à la postérité des monumens qui attestent un siècle de lumière et un règne heureux. Tel est le commencement du dix-neuvième siècle , sous le règne de NAPOLÉON-LE-GRAND, qui, par la nécessité de fournir ce qui est nécessaire à une grande ville peuplée comme Paris , de six cent mille ames, qui n'avait pas assez de fontaines, et par un décret du 2 mai 1806, dit qu'il serait construit vingt-cinq fontaines publiques, tant pour le besoin des malheureux que pour la salubrité de la ville, sous le règne duquel cette fontaine fut établie ; les fouilles ouvertes le 1er septembre suivant, sous le ministère de S. E. M. le comte de Champagny , la première pierre en fut posée par M. le baron Fréchot, préfet , le 15 mars 1808, vu que les fouilles ont été extrêmement longues à faire. L'usage en a été public, et l'eau mise en voie, le 4 janvier 1809.

Ce monument fut érigé d'après les dessins de M. *Bralle*, architecte, ingénieur en chef des travaux

hydrauliques du département de la Seine ; la sculpture exécutée par M. *Boizot*, professeur de sculpture, qui a fait la perfection de ces décors avec cette
supériorité qui l'a toujours distingué.

---

## NOTES HISTORIQUES.

(1) Il n'est pas besoin de ce monument pour rétablir la valeur
française. Cette colonne vaut bien, par sa renommée, celle de
Rosbach, que le Grand Frédéric eut tant de peine à gagner au
bout de plusieurs campagnes, que l'on a appelée la guerre de sept
ans ; ce qui fait voir combien la victoire a eu de peine à se décider
en sa faveur ; encore en attribue-t-on le succès à la trahison. Il
fit, après cette guerre de sept ans, construire à la paix cette
colonne injurieuse au nom français.

Le grand Napoléon se porte en Prusse à la tête de son armée, en prononçant ces mots : « Guillaume, ton règne a cessé ».
En sept jours il culbuta tout le royaume de Prusse, et honora
les cendres du héros qui y repose éternellement, *ce grand Capitaine* qui, comme *le grand Napoléon*, passait pour le père
des soldats. Il prend son glaive si redoutable, fait disparaître
la honte de nos pères par la démolition de cette colonne de
Rosback, qu'il envoie à Paris, et qu'il fait reconstruire dans
le temple de la Victoire, et suspend à la voûte l'épée du
*grand Frédéric*. Ainsi a été réparé en sept jours ce qui a
été la peine de sept ans ; quelle réflexion de sagesse, quel
exemple de vertu de notre souverain pour un conquérant!
Que d'études pour ceux qui s'adonnent au métier militaire!

Il attaque, il se bat, il est victorieux, toujours du même
sang froid, il réfléchit sur tout ; il calcule, il pèse ses actions ;
et le glaive en main, il honore celui de son ennemi ; il rend
honneur aux vaincus ; il trace l'exemple du bien ; son génie
même a plus de valeur que sa force ; il sait respecter les cendres
d'un grand homme : en effet, il nous apprend qu'un guerrier
ne peut être un héros s'il n'est homme de bien ; un héros
n'est pas toujours celui qui gagne des batailles, mais celui qui
joint une justice équitable et inaltérable à une autre valeur :
voilà ce qui s'appelle un génie au-dessus des autres mortels.

( 2 ) Ce vers est adressé aux puissances ennemies, aux perfides Anglais, aux méchans Espagnols, aux inquisiteurs du Saint-Office, principalement aux ennemis du gouvernement français et de l'humanité, c'est-à-dire au chef de leur gouvernement sanguinaire, car les peuples sont innocens de leurs crimes, de leur férocité envers la France; le temps les instruira et leur fera connaître les erreurs de leur défense opiniâtre envers nous.

( 3 ) La Colonne qui surmonte la fontaine, représente un palmier au pied duquel est la Force, où sont placés aux quatre encoignures de la base, quatre dauphins jetant de l'eau par les narines dont chacun offre une corne d'abondance, lesquelles eaux se répandent dans un vase formant un bassin circulaire, où le public y arrive par quatre degrés en marche de granit, pour y puiser de l'eau, lequel gradin est entouré de bornes.

( 4 ) Voyez la terre qui s'ouvre pour retirer fer, plomb, marbre, pierre, plâtre, chaux, brique, ardoise; enfin toutes les matières utiles aux nombreux édifices qui s'élèvent de toutes parts sous le règne de NAPOLÉON. Son règne vaut bien celui de ces grands hommes pour l'augmentation de la France: comparez seulement le nombre des carrières au pourtour de Paris; on en compte dix pour une du règne dernier. Que l'on juge alors les travaux immenses qui se font dans toute l'étendue de son Empire, comme, canaux, routes nouvelles, ports de mer, même des villes entières !

( 5 ) La fouille de ce monument a beaucoup coûté et a été très-difficile; c'est dans cet endroit, et sur les ruines du grand Châtelet, que ce monument fut planté jadis en château fort servant de citadelle, puis une prison criminelle et une juridiction; dans l'origine étaient bâties deux tours par Julien l'Apostat, son bureau y était établi pour recevoir ses tributs, la justice romaine y a été; le siége était tenu par un préfet; il y avait la chambre César avec cette inscription que j'ai lue sur une table de marbre noir : *Tribunum Cesaris.*

Ces deux tours autrefois dans l'origne servaient d'entrées hors Paris; de là, vient le mot fort long-temps usité par les Parisiens, l'*Apport Paris*, qui n'était qu'une citadelle de défense; Paris alors n'était que la cité actuelle; on y a établi les boucheries hors la ville, aucun boucher ne tuait dans Paris ( ce que l'Empereur fait exécuter aujourd'hui par quatre établissemens de tuerie ).

Du règne de Charles III, dit le Gros, où il y mit un gouverneur dans cette citadelle, qui fut nommé comte de Paris, et en 885 on fit bâtir pour résister aux courses des Anglais. C'est sous le règne de Charles v, dit le Sage et l'Éloquent, qu'il fut ajoutée une autre fortification ; le même fit construire la Bastille où il n'y avait dans l'origine que deux tours de même, formant une des entrées de Paris. ( Voyez ce que je dis sur ce château en 1790 ). Il fit de même construire Saint Germain-en-Laye, ses trois forts pour soutenir les sièges de ces pirates anglais qui sont arrivés avec des flottilles jusqu'au bas du peage; ils étaient alliés avec le duc de Normandie; l'un et l'autre furent victimes de leur audace.

Ce grand Châtelet a subsisté 440 ans, a servi de prison et de juridiction de police civile et criminelle pour l'étendue de la vicomté de Paris , dépendant de la cour du parlement, et par l'affluence des prisonniers, l'agrandissement de Paris ; la masse des hautes maisons et des rues étroites; cet endroit était le plus malsain de Paris ; on y entrait par une porte longue et voûtée ; c'était un gouffre ; on y vendait dessous cette voûte les meubles saisis des débiteurs, et des banqueroutiers, des contrebandiers, des vols et des personnes mortes sans héritiers ; la révolution a fait quelques démolitions partielles; mais Napoléon à qui Paris devra sa splendeur , fit raser avec justice le tout pour l'embellissement de Paris.

( 6 ) Explication et détail de la sculpture des figures symbo· liques placées aux quatre encoignures ainsi que les trophées et armoiries qui sont adaptés et qui forment la base de ce monument; ce piédestal est d'un seul bloc de pierre de Conflans où sont prises artistement les figures qui représentent les quatre vertus cardinales.

( 7 ) Chaque frise formant cinq bandeaux, explique par des inscriptions en lettres d'or les époques , les noms qui nombrent les victoires les plus remarquables faites en quatre campagnes par l'Empereur, commandant en personne, comme aussi destinés à perpétuer la gloire de nos invincibles guerriers, ses fidèles compagnons de sa gloire qui n'ont rien trouvé d'impossible à leur valeur.

( 8 ) Le couronnement du haut du palmier formant chapiteau; l'on y distingue les quatre vents cardinaux; un zéphir qui représente l'Est ; une tête de nègre indique le Midi ; au sud, le Nord est caractérisé par une figure dont les cheveux sont couverts de glaçons ; un vieillard dont la chevelure est mouillée, donne l'idée du vent d'Ouest ; la Renommée posée sur le globe leur ordonne d'annoncer sur tous les points de l'univers les hauts faits de notre Souverain ; la Renommée a les bras tendus, tenant de chaque main deux couronnes de laurier ; c'est un hommage qu'elle répand sur les braves des armées.

(9) La hauteur totale de cette colonne palmite est de 60 pieds de haut, ou 19 mètres 50 centimètres, y compris la statue ailée qui est en plomb fondu et dorée d'une manière éclatante.

En me faisant un devoir de servir ma patrie, je m'en fais un de donner à cet imprimé toute la publicité possible en le faisant parvenir chez l'étranger ; c'est à dessein de lui faire connaître la reconnaissance du peuple français et la valeur de ma nation sous un aussi grand Capitaine que ce *grand homme*, et par le détail de ces chants guerriers, instruire mes concitoyens éloignés de la capitale, comme français, comme artiste, comme ancien militaire.

P.....

# AUX MANES

## DU MARÉCHAL DE FRANCE,

## DUC DE MONTEBELLO.

### ROMANCE.

AIR : *Comment goûter quelque repos.*

Eh quoi! dans le champ du repos
Gît ce Général intrépide !....
Tu devais, ô Parque homicide,
Respecter ce jeune Héros !....
Puisque sous de perfides armes
Succomba ce preux chevalier,
Plaçons Cyprès, Myrtes et Lauriers
Sur son tombeau couvert de larmes.　　(*bis.*)

*A la Duchesse.*

Toi, compagne de ce Héros,
Toi, dont les grâces et les charmes,
Loin du tumulte des armes,
Le consolais, calmais ses maux !
Au moment où tu fus frappée,
Hélas! d'un coup si douloureux,
Le Duc, à nos petits neveux,
Laissait son cœur et son épée.　　(*bis.*)

*Aux Enfans du Duc.*

Jeunes Achilles, quel trésor !
Il vous laisse pour héritage
Son nom, ses vertus, son courage !
Dans vous ce guerrier vit encor.
Aussi, quand votre illustre mère
De vous contemple chaque trait,
Sa bouche baise le portrait
De son époux, de votre PÈRE.　　　　　*(bis.)*

Par M. Charles FERRU.

Après avoir chanté ce Héros, il m'est permis de
jeter des fleurs sur sa tombe et de dire la vérité.
Oui, l'Etat n'eut point de plus brave guerrier, et
l'Empereur de plus sincère ami ; il avait la valeur
d'un héros et l'ame la plus belle d'un soldat.

## Sa Vie en abrégé.

JEAN LANNE naquit dans la ville de Lectoure,
département du Gers, le 11 avril 1769, avocat de
profession. En 1792, il partit, animé d'un patriotisme ardent, en qualité de sergent dans le bataillon
du Gers, lorsqu'on leva des gardes nationales pour
aller au secours de la patrie en danger. Son mérite
distingué dans les armes, son génie enfin, son intrépidité, sa bravoure le firent nommer successive-
ment de grade en grade, puis général d'armée ;
l'EMPEREUR qu'il n'a cessé d'accompagner, connaissant son mérite, lui donna le *bâton de Maréchal de
l'Empire*, et le nomma *Duc de Montebello*.

Enfin à la fameuse campagne de l'Autriche, il fut
blessé mortellement à la bataille d'ESLING, donnée le

20 mai 1809, où tous les généraux eurent l'impétuosité des soldats ; enfin tous les prodiges de l'armée française eurent lieu dans cette action. Trente mille hommes et 25 canons n'hésitèrent pas de soutenir un combat contre 150 mille Autrichiens et 80 canons, et l'armée française l'emporta. Le duc de Montebello y fut blessé ayant la cuisse enlevée, dont il mourut le 6 juillet suivant, au milieu de son camp. Il a été regretté de sa MAJESTÉ et de ses soldats ; l'EMPEREUR perd un ami, et les soldats un père. Etant transporté sur un brancard sous les yeux du Monarque, il se tourne vers ceux qui l'entourent, et leur dit : « Il fallait que dans cette journée « mon cœur fût frappé par un coup aussi sensible « pour que je puisse m'abandonner à d'autres soins « qu'à ceux de mon armée. » En perdant connaissance il revient un moment à lui, et voyant l'EMPEREUR il lui dit : « Dans une heure vous aurez perdu « celui qui meurt avec la gloire et la conviction d'a- « voir été votre meilleur ami. »

L'EMPEREUR l'avait appelé le brave des braves, ordonna que l'on fît honneur à ses cendres, que son corps fût transporté à Paris, accompagné des guerriers de la même armée. L'apothéose se fit le 6 juillet 1810. Il fut déposé au Panthéon français où reposent les grands hommes. Le même jour les honneurs furent accordés aux restes du général SAINT-HILAIRE dont le cercueil était à la suite de celui du duc de MONTEBELLO.

P.....

*Nota.* La Romance et l'Eloge furent distribués au nombre de 6,000 exemplaires à mes frais pendant tout le temps du cortége.

# CHANSONNIER

OU

# DÉLASSEMENT MILITAIRE.

*Scribere jussit amor patriæ.*

Chanter la gloire des Français,
Qui sur l'honneur toujours se fonde ;
Et que le bruit de leurs bienfaits
Vole aux extrémités du monde.

~~~~~~~~~

## Oui,

L'HONNEUR seul est le prix que recherche un
Français ; quand il remplit son but, il est satisfait.
Le mien est de servir ma patrie, mon prince,

d'instruire et de plaire à mes concitoyens, les jeunes élèves de Mars, le peuple sur-tout, en disséminant dans mon pays aux braves qui le défendent, aux cultivateurs qui le fertilisent, pour inspirer et entretenir cet amour national, pour répandre le bonheur et la joie universelle par des chansons poétiques, des discours et des ouvrages périodiques, les faits historiques de bravoure, les batailles gagnées, dont le sens et le civisme soient bons, justes et utiles ; pour faire connaître le vrai honneur qui est le véritable appui de l'Etat.

Ces chansons qui suivent ne sont pas de moi, mais d'auteurs estimables, ainsi que celles qui m'ont été adressées sous l'anonyme. Je les ai placées dans ce recueil, les ayant trouvées autant patriotiques qu'agréables pour réveiller l'esprit public ; elles m'ont paru d'un dévouement sans borne, d'un zèle naturel pour la patrie, et la reconnaissance envers son souverain. Il y a de l'esprit dans les entretiens guerriers ; elles sont mises sur des airs à la portée de tous ; elles sont belles et sublimes. J'ai cru utile d'en propager le principe pour être par l'impression distribuées à nos braves, pour les désennuyer dans leur repos militaire des fatigues de la guerre, afin qu'ils puissent offrir une partie de leurs lauriers à l'Amour quand ils ont combattu pour la Gloire, tous à la fois les faire rire, chanter et boire.

P.....

---

# TOAST

## PORTÉ A L'EMPEREUR

## PAR LES ÉLECTEURS.

AIR: *Un Chanoine de l'Auxerrois.*

PLUS amis du vieux que du neuf,
Nous prêchions en quatre-vingt-neuf
   La paix et l'harmonie.
En dix-huit cent-quatre assemblés,
Ici nous sommes appelés
   Par le même génie.
Puisque depuis quatre-vingt-neuf
Nous sommes réparés à neuf,
    Le verre en main,
    N'ayons qu'un refrein,
  La paix et l'harmonie.

Électeurs loyaux et discrets,
Tâchons d'effacer quelques traits
   Qui gâtent notre histoire.
La raison a repris ses droits,
Nous avons des mœurs et des lois,
   Des lois de la gloire.
Mars a des faisceaux de lauriers
Qu'il partage avec les guerriers :
    A leur santé,
    Leur prospérité,
  Je suis pressé de boire.

Vous qui des rives d'Albion
Osez faire à Napoléon
   La plus injuste guerre,
Son bras, fait pour vous enchaîner,
Sait ramer, vaincre, gouverner
   Et sur mer et sur terre.
Comme Guillaume dans son *yack*,
Il ira, malgré monsieur *Drack*,
     A la raison
    Soumettre Addinggton,
Pitt et son Angleterre.


Anglais sans foi, méchans voisins,
Malgré les traités les plus saints,
   Vous ne savez que prendre.
Soutenus par vos *argousins*,
Vous voulez dans vos magasins
   Tout avoir et tout vendre :
Hormis l'honneur vous prenez tout ;
Et dans vos murs poussés à bout,
    Hormis l'honneur,
    Chez vous le vainqueur,
   Aura tout à reprendre.


Portons ce *toast* au fier vainqueur,
L'enfant gâté, l'ami du cœur
   Du dieu de la victoire ;
Comme Empereur, Bonaparte,
Par nous d'avance était compté
   Au temple de Mémoire.
Oh ! quand toujours exploits nouveaux
Vont signaler notre Héros :
    Comme aujourd'hui,
    Que du vin pour lui
En France il faudra boire.

Par M. Défontaines,

# LA JOYEUSE
## D'UN GRAND CAPITAINE.
### CHANSON (*).

Amis, sous le chef qui nous mène;
Marchons et par monts et par vaux;
Sous un aussi grand Capitaine,
Tout soldat devient un héros.
La gloire, un peu capricieuse,
A sa voix a capitulé;
Dans le fourreau de sa *joyause*,
De son boudoir il a la clé.

Affrontant chaleur et froidure,
Avec nous il marche, il combat;
Il couche avec nous sur la dure,
Et comme nous il est soldat.
La Gloire, un peu capricieuse,
A sa voix a capitulé;
Dans le fourreau de sa *joyeuse*,
De son boudoir il a la clé.                    (*bis.*)

Il a le démon de Socrate,
Et la fortune de César;
Il a le cachet d'Harpocrate,
De la Victoire il a le char.
La Gloire, un peu capricieuse,
A sa voix a capitulé;
Dans le fourreau de sa *joyeuse*,
De son boudoir il a la clé.                    (*bis.*)

Par M. Valcour.

(*) La musique se trouve chez madame Décombe, quai de l'Ecole, au bas du Pont-Neuf.

Cette chanson m'a été adressée par la fille de l'auteur, mon aimable filleule, mademoiselle Marie-Caroline-Cornélie PLANCHER VALCOUR. Elle me l'a remise à sa convalescence, où je lui fis ce petit impromptu, le jour de l'anniversaire de sa naissance, en dînant avec cette respectable famille.

## IMPROMPTU.

AIR : *Femmes, voulez-vous éprouver.*

IL n'est que chagrin et plaisir
Dans cette folle et triste vie ;
Mais tâchons du moins pour jouir
D'en sauver la monotonie.
Oublions jusqu'à nos tourmens
En cette aimable circonstance,
Et célébrons en ce moment
Le jour qui sauve l'innocence !

P.....

# LE JEUNE CONSCRIT,

## OU

## LE DÉPART D'UN POÈTE

## DE LA VILLE DE DOUAI.

AIR : *Peuple français,* etc.

O VILLE, qui m'avez vu naître,
*Douai*, je te quitte à vingt ans !
Je vais vaincre sous un bon maître,
Sous le plus grand des conquérans.

Sa voix m'appelle à la victoire,
Elle m'inspire la valeur :
Et puis-je douter de ma gloire,
Quand j'ai pour garant l'Empereur ?

Toi, qui vis ma faible paupière
S'ouvrir pour la première fois !
O mon enceinte hospitalière
*Douai !* je m'éloigne de toi....
Je cours peut-être à l'onde noire,
Mais je verrai le champ d'honneur :
On ne peut douter de sa gloire,
Ayant pour garant l'Empereur.

La vie est courte et passagère,
Mais je t'offre tous mes momens.
O ma patrie ! ô tendre mère !
Daigne en recevoir mes sermens !
Puissé-je aux champs de la victoire
Être ton meilleur défenseur !
Un bon Français aime la gloire ;
Je l'aime en aimant la victoire.

O toi de qui j'ai reçu l'être,
Le sort m'arracha de tes bras....
Un jour tu connaîtras peut-être
Que mon bonheur est aux combats.
Dès l'enfance la poésie
Eut quelques attraits pour mon cœur ;
Mais maintenant c'est la patrie,
C'est la bravoure et l'Empereur.

La vie est une ombre légère
Que fait dissiper l'aquilon ;
Si l'existence est éphémère,
Faisons revivre notre nom.
Et peut-on mieux dans la mémoire
Graver nos élans de valeur,
Français, qu'en ce siècle de gloire
Qu'immortalise l'Empereur ?

Par M. DORCHY.

# LA SENTINELLE

## AU BIVOUAC.

AIR *connu.*

L'ASTRE des nuits de son paisible éclat
Lançait des feux sur les tentes de France ;
Non loin du camp un jeune et beau soldat
Ainsi chantait appuyé sur sa lance :
    Allez, volez, zéphirs joyeux,
    Portez mes chants vers ma patrie ;
    Dites que je veille en ces lieux
    Pour la gloire et pour mon amie.     { *bis.*

A la lueur des feux des ennemis,
La sentinelle est placée en silence ;
Mais le Français, pour abréger les nuits,
Chante, appuyé sur le fer de sa lance :
    Allez, volez, zéphirs joyeux,
    Portez mes chants vers ma patrie ;
    Dites que je veille en ces lieux
    Pour la gloire et pour mon amie.     { *bis.*

L'Astre du jour ramène les combats,
Demain il faut signaler sa vaillance ;
Dans la victoire on trouve le trépas :
Mais si je meurs à côté de ma lance,
    Allez encor, joyeux zéphirs,
    Allez, volez dans ma patrie ;
    Dire que mon dernier soupir
    Fut pour la gloire et mon amie.     { *bis.*

Sous l'ANONYME.

# LE RETOUR

## DE LA SENTINELLE.

AIR *connu.*

L'AUBE du jour annonçait le matin,
Sous un vieil orme, auprès de sa chaumière,
Le casque en tête et la lyre à la main,
Jeune guerrier chantait à sa bergère :
　　Ici me voilà de retour
　　Des nobles champs de la Victoire,
　　J'offre mes lauriers à l'Amour,
　　Si j'ai combattu pour la Gloire.　　{ *bis.*

Dans les périls où l'honneur m'a conduit
Guidé par lui, soutenu par ma flamme,
Aux feux du jour, aux ombres de la nuit,
Je confiais le secret de mon cœur.
　　Mais dans ces lieux, à mon retour
　　Des nobles champs de la Victoire,
　　J'offre mes lauriers à l'Amour,
　　Si j'ai combattu pour la Gloire.　　{ *bis.*

Avant que j'eusse affronté le trépas,
A mes transports tu trouvais mille charmes.
Pour son amie aurait-il moins d'appas,
L'amant chargé du noble poids des armes ?
　　Non, non, tu dois, à mon retour,
　　Mêler, pour prix de la victoire,
　　Les myrtes heureux de l'Amour
　　Aux lauriers brillans de la Gloire.　　{ *bis.*

SOUS L'ANONYME.

# LA GLOIRE,

## LE VIN ET LES FEMMES.

AIR *connu.*

MES amis, trinquons à la ronde,
Au lieu d'un buvons quatre coups ;
Savons-nous si demain le monde
Ne sera pas fini pour nous ?
Sachons nous battre et sachons boire,
Un jour en guerre, un jour en paix,
Ne laissons reposer jamais
Le vin, les femmes et la gloire.          (*bis.*)

Quand on boit trop on y voit trouble,
Et pour le guerrier c'est tant mieux ;
Si l'ennemi nous voyons double,
Au lieu d'un nous en tuons deux.
Sachons nous battre et sachons boire,
Un jour en guerre, un jour en paix,
Ne laissons reposer jamais
Le vin, les femmes et la gloire.          (*bis.*)

Au combat ainsi qu'à table,
Chaque Français est un héros ;
Bon buveur, guerrier redoutable,
Il ne redoute aucuns rivaux.
Sachons nous battre et sachons boire,
Un jour en guerre, un jour en paix ;
Ne laissons reposer jamais
Le vin, les femmes et la gloire.          (*bis.*)

Beauté, qui fais tous nos délices,
Avec le vin charme nos cœurs,
Si nous t'offrons des sacrifices,
Tu nous accordes tes faveurs.

Sachons nous battre et sachons boire,
Un jour en guerre, un jour en paix,
Ne laissons reposer jamais
Le vin, les femmes et la gloire.　　　(*bis.*)

Sous l'ANONYME.

---

# LE BON SOLDAT.

AIR: *V'là c'que c'est que d'aller aux bois.*

LE beau spectacle que voilà!
Et quel retour que celui-là!
De chacun de ces braves là,
　　Soit infanterie,
　　Soit cavalerie,
On peut bien dire en résultat :
V'là c'que c'est qu'un bon soldat.

Aimer son prince, son pays,
Être fidèle à ses amis,
De la gloire sentir le prix,
　　Et pour sa patrie
　　Exposant sa vie,
Chercher des actions d'éclat :
V'là c'que c'est qu'un bon soldat.

Avoir le bras bon, le cœur droit,
Unir le courage au sang-froid,
Du faible, quand il a bon droit,
　　Prendre la défense,
　　Venger une offense,
Être obligeant, jamais ingrat :
V'là c'que c'est qu'un bon soldat.

Porter tout son bien dans son sac,
Fumer la pipe de tabac,
Chanter et danser au bivouac,
 Coucher sur la dure,
 Braver la froidure,
S'accommoder de tout climat :
V'là c'que c'est qu'un bon soldat.

En un instant, et nuit et jour,
Accourir au bruit du tambour,
Marcher en avant sans détour,
 Ferme, impitoyable,
 Se battre en vrai diable,
Être humain après le combat :
V'là c'que c'est qu'un bon soldat.

Savoir tout ce qu'il faut savoir,
Des chefs respecter le pouvoir,
Ne jamais manquer au devoir,
 Et sans espérance
 D'une récompense,
Ne voir que le bien de l'Etat :
V'là c'que c'est qu'un bon soldat.

Puis quand le plaisir a son tour,
Amant et buveur tour-à-tour,
Servir et Bacchus et l'Amour,
 Chanter sa tendresse,
 Fêter sa maîtresse,
Faire un rival échec et mat :
V'là c'que c'est qu'un bon soldat.

Chacun de nos braves guerriers,
Quand il entre dans ses foyers,
Est, à l'ombrage des lauriers,
 Bon fils et bon frère,
 Et c'est encor servir l'Etat :
V'là c'que c'est qu'un bon soldat.

   Par MM. Barré, Radet et Défontaines.

# L'HONNEUR.
## STANCES MILITAIRES.

A I R : *Vaudeville de l'Officier de fortune.*

ACCOUREZ, brillantes cohortes,
Chefs de braves et de héros,
Nobles légions d'ames fortes,
Qu'illustrèrent tant de travaux !
Vos mains ont dans l'Europe entière
Cueilli d'assez nombreux lauriers :
Venez, au bout de la carrière,
Reposer sur nos oliviers.

Quelle divinité s'élance
Du haut du céleste séjour,
Et vient inspirer à la France
Des transports de joie et d'amour ?
C'est la paix, la paix tutélaire,
Qui, frappant enfin nos regards,
Ferme le temple de la guerre
Pour enrichir celui des arts.

Si des phalanges courageuses
N'ont pu lasser notre valeur,
Si nos armes furent heureuses,
Nous ne le devons qu'à l'honneur.
Si par notre aspect intrépide
Nos ennemis furent domptés,
C'est que l'honneur, notre seul guide,
Marchait à nos côtés.

L'honneur , flambeau de la vie,
Brille encor après le trépas ;
L'honneur fait que l'on porte envie
Aux guerriers morts dans les combats.

L'honneur seul conduit à la gloire
Nos chefs ainsi que nos soldats ;
L'honneur ennoblit la victoire ,
L'honneur est l'ame des Etats.

Par M. E. A. DOSSION.

~~~~~~~~~~~~~~~~~~~~~~~~~~~~~~~~~~~~~~~~~

# HOMMAGE

## DE LA VILLE DE PARIS,

### OU

## LE BERCEAU POUR LE ROI DE ROME.

====================================

## DIALOGUE POISSARD

ENTRE CADET JÉROME, FORT DE LA HALLE,
ET LA MÈRE PICARD, MARCHANDE FRUITIÈRE
AU FAUBOURG SAINT—MARCEL.

~~~~~~~~~~

AIR : *Enfin , v'là qu'est baclé.*

### CADET JÉROME.

COMM' te v'là brav'! Mèr' Picard !

### LA MÈRE PICARD.

Écout' donc, Cadet Jérôme,
Je m'suis mis' dans m'zatours; car
J'somm' tout' fier' d'avoir *un Roi d'Rome* (1).
Je v'nons du faubourg Saint-Marceau,
Tout exprès pour voir son berceau.     ( *bis.* )

---

*Nota.* Ce berceau fut présenté à leurs Majestés I. et R. par
M. le Comte Frochot , préfet du département d² la Seine.

CAD ET JÉROME.

Dam'! entre nous, c'est du ch'nu,
Puisqu' la Ville en fait hommage;
Mais, quoiqu' ça j'dis : *L'nouveau V'nu* (2)
En mérit' mill' fois davantage;
N'y a rien ni d'trop beau ni d'trop bon
Pour l'fils du grand NAPOLÉON.          ( *bis.* )

LA MÈRE PICARD.

Est-c' q' t'as vu c'don sans pareil?

CADET JÉROME.

Si j'l'ons vu !... J'suis t'un fier merle !...

LA MÈRE PICARD.

J'disons que c'est du vermeil....

CADET JÉROME.

Tout enrichi d'nacre de perle;
Satin, v'lours et dentelle encor,
Semé d'abeill's et d'étoil' d'or.          ( *bis.* )

LA MÈRE PICARD.

On a ben fait, moi, j'te l'di
De n'pas oublier l'ÉTOILE;
Car la France, en plein midi,
Était tout' couverte d'un voile.
Grâce à l'étoil' qui nous conduit,
J'y voyons clair en plein minuit.          ( *bis.* )

CADET JÉROME.

Faut conv'nir que M. *Prud'hon*
Dessin' comme un' mignature !
L'géni' taille son crayon,
Et c'est l'*Girardon* d'la peinture.
I' fait des tableaux qui font peur (3);
Mais ceux-là mett' la joie au cœur.          ( *bis.* )

Deux bas-r'liefs, dont on fait cas,
Offrent le Tibre et la Seine :
L'une reçoit dans ses bras
L'fils bien-aimé d'sa souveraine ;
L'autre sourit au dieu sauveur
Qui rend à Rome sa splendeur.                    ( *bis.* )

## LA MÈRE PICARD.

Queuq' chose m'chiffonne un peu,
Dis-moi donc, Cadet Jérôme !
Est-c' que c' cher enfant de Dieu
Va s'embarquer comm' ça pour Rome ?

## CADET JÉROME.

Oh ! q'nenni dà ! Ce cher fanfan
Croîtra sous les yeux d'sa maman.              ( *bis.* )

Rom' fut, vois-tu, Mèr' Picard,
La première ville du monde ;
D'puis que j'possédons César,
Rome aujourd'hui n'est plus qu' la seconde ;
J'somm' fiers de Césars à Paris,
Et Rom' doit êtr' fière d'son fils.                 ( *bis.* )

Objets des vœux des guerriers,
On voit la Gloire en personne
Qui d'étoil' et de lauriers
Suspend une double couronne....

## LA MÈRE PICARD.

Oh ! ça, c'est l'emblêm' du Héros
A qui j'devons gloire et repos.                    ( *bis.* )

## CADET JÉROME.

Un joli petit Aiglon
A l'z yeux fixés su' c't emblême.
Il veut l'essayer, dit-on,
Pour voir s'il pourra voler d'même.

## LA MÈRE PICARD.

Ah ! j'gageons ben que c't Aiglon-là
Un jour aura l'vol du papa.                         ( *bis.* )

## CADET JÉROME.

Enfin, tout ça , Dieu merci,
Est frais !... mais , j'dis, à la crême !
J' n'aurions pas mieux réussi,
Quand j'aurions fait c'berceau nous-même,
Messieurs *Thomire*, *Odiot*, *Darrac*,
A vous l' dé, car vous avez l' tact !      ( *bis.*)

## LA MÈRE PICARD.

GRAND DIEU ! veill' *sur c'cher enfant* ,
Comm' tu veilles sur son père !

## CADET JÉROME.

Comm' lui qu'il soit triomphant !

## LA MÈRE PICARD.

Qu'il ait les vertus de sa mère !

## ENSEMBLE.

L' vœu des Français est accompli ;
C'est l' *NUNC VIDERUNT OCULI.*      (*bis.*)

## NOTES.

(1) Ce qui a répandu dans Paris la joie universelle de voir que c'était un fils , et que l'Impératrice était heureusement accouchée.
(2) Ce prince est né sous le signe zodiacal du bélier, ce qui prouve la force ; la veille du printemps, ce qui marque la vigueur, le 20 mars 1811 à neuf heures 20 minutes du matin.
(3) Allusion à son superbe tableau de la bataille d'Aboukir.

CETTE chanson était toute composée, lorsque, le 20 mars, j'entendis de ma campagne à Sceaux-Penthièvre le premier coup de canon qui annonçait cette heureuse nouvelle. J'avais prophétisé que ce serait un prince, et parié un double napoléon, dont je n'ai exigé qu'une matelotte, qui fut consommée chez *Monroy* , au Gros-Caillou, où nous avons porté des *toasts* à l'heureuse délivrance de S. M. et à la prospérité de l'Empereur, sa chère compagne et son fils. Je vais rendre le détail du beau cadeau, dans l'hommage du berceau que la Ville de Paris fit à S. M. l'Impératrice, ma chanson n'étant pas assez expressive pour en connaître la richesse.

Ce berceau est en vermeil, enrichi de nacre de perle : l'intérieur est garni de velours nacarat ; les rideaux sont en dentelle, semés d'étoiles d'or, et doublés de satin blanc ; le couvre-pied est parsemé d'abeilles. La forme du berceau est celle d'un carré long et arrondi ; il est soutenu par quatre cornes d'abondance qui se croisent en X, et par deux petits Génies représentant, l'un celui de la Justice, l'autre celui de la Force. Sur les côtés de la balustrade sont deux bas-reliefs camées, dont l'un représente la nymphe de la Seine recevant dans ses bras l'enfant des dieux ; l'autre représente le Tibre qui sourit en voyant un nouvel astre se lever pour lui. Sur la tête du berceau, on voit la Gloire tenant en ses mains une double couronne de laurier et d'étoiles, emblème du génie et de la gloire du Héros qui gouverne la France ; en face est un petit aiglon qui a les yeux fixés sur cet emblème, et semble s'essayer à voler à la hauteur de l'étoile. Ce berceau a été exécuté par MM. *Thomire*, ciseleur ; *Odiot*, orfèvre, et *Darrac*, tapissier, d'après les dessins de M. *Prudhon*, l'un de nos peintres les plus distingués.

J'ai cru ce détail nécessaire à la suite de ma chanson poissarde. Je l'ai adressée à MM. Lucet et Eckard, sans avoir la prétention de gagner le prix qu'ils ont proposé au meilleur ouvrage sur la naissance du Roi de Rome ; mais au moins pour prouver mon dévouement comme Français.

# DÉVOUEMENT.

~~~~~~~~~~~~~~~~~~~~~~~~~~~~~~

# ENTRETIEN NATIONAL

## DE DEUX JEUNES CONSCRITS,

OU

## LE CHANT DU DÉPART PATRIOTIQUE

DE

## PRÊT-A-BOIRE ET PARISIEN,

En Mars 1811.

~~~~~~~~

AIR : *Contentons-nous d'une simple bouteille.*

PRÊT-A-BOIRE.

MARCHONS, amis! volons à la victoire!
Le laurier croît pour nous aux champs de Mars!
A nos aînés montrons, couverts de gloire,
Que les cadets ne sont point des bâtards.
Marchons, amis! volons à la victoire!
Le laurier croît pour nous aux champs de Mars

## PARISIEN.

Bien dit, morbleu! mon ami Prêt-à-Boire!
Bravons, comme eux, les dangers, les hasards!
On va toujours au Temple de Mémoire,
Quand on combat pour l'aîné des Césars.
Marchons, amis! volons à la victoire!
Le laurier croît pour nous aux champs de Mars!

## PRÊT-A-BOIRE.

La loi, l'honneur, la patrie et la gloire,
Font à nos yeux briller leurs étendards :
Et nous aussi, nous vivrons dans l'Histoire!
Tous les Français sont autant d'Amilcar (1)!
Marchons, amis! volons à la victoire!
Le laurier croît pour nous aux champs de Mars!

## PARISIEN.

Mais, pour le coup, un bon coup d'écumoire,
Sur ce pays si fertile en brouillards!
Faisons sauter Messieurs de l'Isle Noire;
Et dans la mer noyons les léopards.
Marchons, amis! volons à la victoire!
Le laurier croît pour nous aux champs de Mars!

## PRÊT-A-BOIRE.

Fort bien jugé! Point de déclinatoire!
Faisons la barbe aux nouveaux Escobards!
Nous sommes prêts : vîte un exécutoire,
Et nous courons à la chasse aux renards (2).
Marchons, amis! volons à la victoire!
Le laurier croît pour nous aux champs de Mars!

## PARISIEN.

Pour les *goddem*, mon ami, quel déboire!
Ils plongent tout ainsi que des canards.
Plus d'une *Miss*, aux yeux bleus, teints d'ivoire,
Se résignant, paira pour les fuyards.
Marchons, amis, volons à la victoire!
Le laurier croît pour nous aux champs de Mars!

## PRÊT-A-BOIRE.

Nous reviendrons sur notre territoire,
Ceints de lauriers, triomphans et gaillards;
Sabre d'honneur, et l'étoile de gloire,
S'obtient, s'acquiert en bravant les hasards.
Marchons, amis! volons à la victoire!
Le laurier croît pour nous aux champs de Mars!

## PARISIEN.

Tout en marchant au Temple de Mémoire,
Temple d'Hymen frappe aussi nos regards;.
Et pour la soif on nous garde une poire :
Au deux Décembre on en fait douze parts (3).
Marchons, amis! volons à la victoire!
Le laurier croît pour nous aux champs de Mars!

## PRÊT-A-BOIRE ( *le verre en main* ).

Toastons, amis, *au fils de la Victoire* (4),
Et saluons *la fille des Césars* (5).
Au *rejeton* précieux de leur gloire (6),
Nos bras, nos cœurs serviront de remparts.
Marchons, amis! volons à la victoire!
Le laurier croît pour nous aux champs de Mars!

P.....

## NOTES.

(1) Amilcar, nom de plusieurs grands capitaines des Carthaginois, dont le plus célèbre fut père d'Annibal et de deux autres fils qu'il avait élevés, disait-il, comme trois lions pour déchirer les ennemis de sa patrie.

(2) Les renards de l'île de Londres, dans l'origine, sont les apostats des Gaulois; les Anglais se sont établis, comme des vagabonds qui ont émigré de la Gaule; l'Angleterre était jadis le domaine de la France; et du règne de Charles VIII, roi de France, le roi d'Angleterre lui devait foi et hommage. Il faut

que, par la valeur de Napoléon-le-Grand , ces enfans, encore dénaturés, se rendent et se soumettent à la valeur de l'esprit national qui anime le vrai Français.

(3) A l'anniversaire de l'Empereur, il se fait, tous les ans, dans sa bonne , belle et grande ville de Paris, douze mariages dans chacune des douze Municipalités.

(4) Napoléon-le-Grand.

(5) Marie-Louise, sa digne épouse.

(6) Le fruit de leurs amours.

~~~~~~~~

Cette chanson, je l'ai fait imprimer à mes frais, et tirer au nombre suffisant pour être distribuée chaque jour de tirage à la préfecture du département de la Seine pendant les douze jours, et répartie parmi les conscrits , comme j'ai toujours fait tous les ans depuis que la loi est établie, afin d'imprimer à cette jeunesse bouillante leur devoir, soumission aux lois, respect aux autorités, et répandre parmi eux cette gaîté nationale, cette urbanité, ce dévouement français qui doit les faire voler à la victoire, en terrassant les ennemis de leur patrie, et crier vive la gloire.

# ODE

## SUR LA NAISSANCE

### DU ROI DE ROME.

L'HIVER a disparu : dans leur caverne obscure
Éole enchaîne les Autans ;
Déjà le retour du printemps
A parfumé les airs, rajeuni la nature !....
Les oiseaux étonnés de leurs tendres accords
Font retentir nos bois, nos campagnes fleuries ;
L'amante de Zéphyre à nos vastes prairies
Dispense ses trésors.

Les temps sont arrivés. Le prodige l'atteste ;
Il nous annonce un don des cieux.
Sur tous les fronts, dans tous les yeux
Du bonheur le plus pur brille le feu céleste.
Dans les lieux consacrés à bénir l'Éternel,
J'y vois se réunir les flots d'un peuple immense ?....
Tout se tait ! tout est calme, et la terre en silence
Attend *Emmanuel* (1).

IL PARAÎT !... Tout-à-coup mille cris d'allégresse
Au loin font retentir les airs.
IL PARAÎT !... Les plus doux concerts
Annoncent les transports et la commune ivresse.
On célèbre, on bénit LA FILLE DES CÉSARS :
De cent tubes d'airain qui la tenaient captive,
La matière enflammée à l'Europe attentive
Annonce un nouveau MARS.

NAPOLÉON l'a dit : DIEU PROTÉGE LA FRANCE.

NAPOLÉON fut son sauveur;
Et l'auréole du bonheur
Couronne ses projets, ses vœux, son existence.
Ce prince aux nations donne, impose la loi...
Objets de tous leurs vœux, espoir de leurs provinces,
Nos aïeux autrefois virent naître des *Princes ;*
Nous voyons naître un ROI.

Rome eut d'abord des rois : Rome ensuite fut libre.
Bientôt l'hydre des factions,
En dévastant ses régions,
Du sang des citoyens rougit les flots du Tibre.
Rome vit ses lauriers se changer en cyprès....
Tout-à-coup le front ceint d'une palme immortelle,
On vit paraître Auguste; et son siècle rappelle
Celui de Périclès.

O surprise!... un Pontife, aux murs du Capitole,
Aux Romains impose des lois ;
Il commande aux peuples, aux rois ;
Il ose réunir et le sceptre et l'étole !...
Mais un Dieu rétablit le trône des Césars.
A la vaste cité, jadis si magnifique,
Un nouveau ROMULUS rendra sa gloire antique,
Ses triomphes, ses arts.

Salut, AUGUSTE ENFANT ! salut, espoir du monde !
Tous les yeux sont fixés sur toi;
Et fier de retrouver un ROI
Le Tibre en tressaillit dans sa grotte profonde.
Au fond de ses roseaux la Tamise en fureur
Mugit, cache son front, sa majesté flétrie.
Le créateur des mers, à la mer asservie,
Donne un nouveau vengeur.

Tremble, fière Albion!.... le ciel dans sa balance
Pesa ton sceptre ensanglanté;
Rome a repris sa dignité.
Tu frémis à ce nom ! Ton supplice commence :
Et, comme toi, des mers exigeant le tribut,
L'orgueilleuse cité que chez toi l'on renomme,
Sur ses mille vaisseaux Carthage brava Rome....
Carthage disparut.

Toi, FILLE DES CÉSARS! idole de la France!
Louise! reçois en ce jour
Avec le tribut de l'amour
Celui non moins sacré de la reconnaissance.
Ivres de leur bonheur, Rome, Vienne et Paris
Bénissent à l'envi le nœud qui les enchaîne;
Et par toi le Danube et le Tibre et la Seine
A jamais sont unis.

Crois, fils aîné de MARS! que tes jeunes années
Soient comme le feu des éclairs!
Pour le bonheur de l'univers,
Hâte-toi de remplir tes hautes destinées.
Comme NAPOLÉON, dispense les bienfaits!
Et, sous ton règne heureux, fais goûter à la terre
Les charmes de la paix.

P.....

## NOTE.

(1) *Emmanuel*, dit le Grand, roi de Portugal; la prospérité de son règne, le bonheur de ses entreprises lui firent donner le nom de *Prince très-fortuné*. Son nom fut porté dans l'Afrique, dans l'Asie; son règne fut enrichi et regretté de ses sujets. Il aimait les lettres et ceux qui les cultivaient: son peuple appelle le règne d'*Emmanuel* le siècle d'or pour le Portugal. Il mourut en 1495.

J'ai adressé cette ode à MM. Lucet et Eckard, auteur de deux volumes, qui ont pour titre: *Hommages poétiques à Leurs Majestés Impériales et Royales, à l'occasion de la naissance de Sa Majesté le Roi de Rome*, contenant une grande partie des ouvrages de poésie, envoyés à ce sujet, de différens auteurs; et je ne sais quel a été leur motif de voir, page 79, au premier volume, mon Ode, mais avec deux strophes de moins, qui sont la cinquième et la sixième, que j'ai rétablies sur celle présentée à Leurs Majestés dans leur palais de Saint-Cloud le 15 août.

# L'AIGLE ET LA COLOMBE,

## O U

# ENTRETIEN SUR LE FRUIT

## DES AMOURS DE MARS ET VENUS.

JE n'ai point l'honneur de connaître l'estimable auteur, M. *Justin Gensoul.* Je suis bien loin de vouloir m'approprier son ouvrage, ni me parer des plumes du paon; mais son Entretien en vers que j'ai lu dans la feuille du Journal de l'Empire, du 23 mars, sur l'heureux accouchement de notre Impératrice et sur la naissance du roi de Rome, qui a pour titre, *l'Aigle et la Colombe*, m'a fait ajouter au titre : *Entretien sur le fruit des amours de Mars et de Vénus.* Cet ouvrage m'a inspiré le désir de propager des poésies aussi spirituelles; car les idées poétiques de M. Justin Gensoul sont tout-à-la-fois excellentes et à la portée de tout le monde, particulièrement à la jeunesse, qui apprendra de mémoire cet hommage dû à leurs Majestés, de même qu'aux jeunes époux qui le liront comme un ouvrage sentimental. Je le prie de croire que je n'en ai retiré aucun lucre. Loin de moi cette pensée : tout ce que je propage est *gratis :* mon plaisir est seulement

6

celui d'entretenir l'esprit national, et faire connaître les gens de mérite qui, comme lui, divertissent et deviennent utiles par leur belle morale. Je pense que la publicité que j'y mets ne lui sera pas désagréable.

P.....

# L'AIGLE ET LA COLOMBE.

### L'AIGLE.

Faible oiseau de Vénus, pourquoi quitter la terre ?
Penses-tu t'élever au séjour du tonnerre ?

### LA COLOMBE.

Réjouis-toi, les destins sont remplis :
Mars de l'Amour vient d'obtenir un fils ;
Et de Vénus, messagère fidelle,
Je porte aux cieux cette heureuse nouvelle.

### L'AIGLE.

Doux présage de paix et symbole d'amour,
Suspends ton vol timide, et regagne Lutèce :
Les cris d'un peuple immense et ses chants d'allégresse
Ont porté ton message au céleste séjour.
Les cieux ont tressailli du bonheur du grand Homme ;
Et la terre s'armant de son foudre d'airain,
Cent fois a proclamé le nouveau roi de Rome.
Un second Romulus vient de paraître enfin ;
Et dans les murs sacrés de la ville éternelle,
Après un long exil la gloire me rappelle.

## LA COLOMBE.

Ce Roi naissant, orgueil de ses sujets,
Doit être un jour les délices du monde :
Sur son berceau, de l'olive féconde
J'ai suspendu le feuillage de paix.

## L'AIGLE.

Un jour je guiderai son invincible armée ;
Mon vol devancera la prompte renommée.

## LA COLOMBE.

Son peuple heureux bénira sa bonté ;
Car il aura les vertus de sa mère.

## L'AIGLE.

Pour le conduire à l'immortalité,
Devant lui marchera l'étoile de son père.

## LA COLOMBE.

Après des siècles de douleur,
Rome à sa voix renaît et se console.

## L'AIGLE.

Pars, et mêle des chants de bonheur ;
La Victoire m'attend aux murs du capitole.

Par M. JUSTIN GENSOUL.

# IMPROMPTU

*Qui m'a été adressé le même jour, 20 mars 1811, au premier coup de canon.*

Quel bruit cher à mon cœur a frappé mon oreille !
Dans quels transports heureux la nature s'éveille !
France ! réjouis-toi, l'airain triomphateur
Aux peuples attentifs annonce ton bonheur.

Le ciel comble nos vœux ; sa sagesse profonde
Fait, des myrtes d'amour, naître les oliviers.
O beau sang des héros ! ô Prince, espoir du monde !
Vis, crois pour les Français à l'ombre des lauriers !

Par M. HILAIRET.

*Jeune auteur, natif de Potiers, chef-lieu du département de la Vienne.*

# L'ALLIANCE ET LA NAISSANCE

## MÉMORABLES.

### STROPHES.

Descends du ciel. ange de gloire,
Sois en ce jour mon Apollon :
De l'Amour et de la Victoire
Paris est le sacré vallon.

Superbe Rhin, calme ta peine,
Tes flots ne sont plus en courroux;
Nous t'offrons les eaux de la Seine,
Et tes eaux couleront pour nous.

Ah! combien de fleurs sont écloses
Sous les pas des Français guerriers!
Les Ris sont en casques de roses,
Les Amours sont ceints de lauriers.

Napoléon, quel bien suprême!
De tes voisins, par ce lien,
Tu protèges le diadême,
Et relèves l'éclat du tien.

Sur des lyres harmonieuses
Chantons Mars, Louise et l'Amour :
Par des hymnes religieuses
Consacrons ce fortuné jour.

Enfin Rome renaît dans Rome !
O peuple, bénis ton bonheur !
De l'univers le plus grand homme
Te rend ton antique splendeur.


Que des bords fleuris de la Seine
Jusqu aux bords du Tibre à jamais,
Un même sentiment enchaîne
Et les Romains et les Français.


Telle Cérès long-temps captive,
Se livre aux caresses du jour :
Et tel paraît sur notre rive
De Louise le fruit d'amour.


Tel naît l'enfant de Cythérée
Au sein de la plus belle fleur :
Telle d'une princesse adorée
Naît l'auguste enfant du bonheur.


Enfant, Roi, ce moment prospère
Fixe ton destin glorieux !
L'élan de ta vaste carrière
Est déjà marqué dans les cieux.


Que cette époque mémorable
Soit bénie au-delà des mers !
Qu'elle annonce une paix durable
Et le bonheur de l'univers.

Par M. Charles FERRU.


Cette pièce de vers m'a été adressée, le 20 mai,
avec la lettre ci-après. J'ai fait droit au désir de
l'auteur, au mérite de son ouvrage, en donnant de
la publicité à son patriotisme et à l'amour qu'il té-
moigne pour son Souverain.

Monsieur,

« Personne ne peut ignorer les sentimens sincères
« et généreux que vous avez témoignés constam-
« ment pour votre patrie, et manifestés pour votre
« prince ; vous avez si bien fait, qu'ils sont incrustés
« dans tous les cœurs sensibles et vertueux. Vous
« répandez à toutes les époques des ouvrages qui
« vous caractérisent ; et comme je sais qu'il doit en
« paraître un incessamment, dans lequel vous insé-
« rerez divers essais poétiques, je soumets à vos
« lumières et à votre bon choix, des strophes qui
« m'ont été inspirées par la naissance du Roi de
« Rome, et conséquemment par la grande alliance
« dont il est le fruit précieux.

« J'ai l'honneur de vous saluer,

Charles Ferru. »

# VERS

## SUR L'HEUREUX ACCOUCHEMENT

### DE

# SA MAJESTÉ L'IMPÉRATRICE,

## PAR UN ECCLÉSIASTIQUE.

J'ENTENDS l'airain sonner, le canon m'électrise ;
Muse, seconde-moi : je voudrais célébrer
L'heureux événement dont la France est éprise :
Je pourrais réussir, s'il ne fallait qu'aimer.
France, réjouis-toi ; ton bonheur nous étonne :
Tu demandais un prince, et le ciel te le donne.
Que te faut-il encor ? Ne demande plus rien.
Le prince qui t'est né doit suffire à ton bien ;
Et toi, prince chéri, toi, si digne de l'être,
Prince ami des Français, même avant que de naître ;
De nos brûlans désirs tu remplis l'espérance ;
Tu feras constamment le bonheur de la France.
Digne soutien du trône, émule des Césars,
De nos braves guerriers tu doubles le courage,
De toutes les vertus le parfait assemblage,
Tu feras respecter nos nobles étendards.
L'Anglais présomptueux, jaloux de te connaître,
A tes coups assurés te connaîtra pour maître.
Augustes souverains, et vous, reine chérie,
Couple favorisé de la terre et des cieux,
Couple heureux à jamais, couple digne d'envie,
Pour le bonheur duquel s'unissent tous nos vœux,
Agréez mon hommage en ce jour fortuné,
Où la France applaudit au prince nouveau-né ;

Et croyez que jamais fortune désirable
Ne pouvait amener destin plus favorable.
Que celui dont jouit l'aimable rejeton ,
Du père des amours le plus précieux don ,
' Celui que la Nature , au sortir des frimas ,
Comble de ses faveurs dès sa naissante aurore ,
Celui qu'elle embellit des plus brillans éclats ,
Dont la belle saison au printemps se décore.
De la voûte éthérée, échos harmonieux ,
Répétez dans les airs tous nos chants d'allégresse ;
Qu'un ciel pur et serein augmente notre ivresse ;
Que notre encens s'élève à l'empire des dieux ;
Que les anges , des saints l'innombrable cohorte
Accompagne nos vœux aux pieds de l'Éternel.
Les sentimens d'amour qu'au Roi le Français porte ,
S'ils sont bien exaucés, le rendront immortel.
Les habitans des cieux accordent sur leur lyre
Les chants mélodieux que l'amour nous inspire ,
Et tout se réunit dans ce vaste univers
Pour célébrer le Roi qu'ici chantent mes vers ;
Espérons que le Dieu qui nous est si propice
Protégera ses jours, déploîra sa justice
Sur cet auguste enfant; que le perfide Anglais
Fera de vains efforts pour ébranler son trône !
Que celui qui des Rois protége la couronne
La lui conservera pour l'honneur des Français.

PAR M. DARSIN.

Cette pièce de vers est faite par un bon prêtre ,
M. *P. H. Darsin*, pensionnaire de l'Etat , ancien
aumônier du tribunal de commerce : comme moi , il a
l'esprit national, et ennemi des perfides Anglais. Je
fais imprimer son ouvrage, afin que l'on connaisse en
lui le bon citoyen, l'homme vraiment sujet et religieux, le véritable ministre, qui a la candeur, la foi,
la vérité , les mœurs de son état, et l'amour qu'il
porte pour sa patrie et pour son Souverain.

# L'ALLEGRESSE
## DU PEUPLE FRANÇAIS,

O U

## LES RELEVAILLES

### DE SA M. L'IMPÉRATRICE ET REINE,

### LE 9 JUIN 1811.

## DIALOGUE

ENTRE THÉRÈSE, MARCHANDE A LA HALLE,
ET BLAISE, CHARBONNIER.

AIR *de la Fanfare de Saint-Cloud.*

**BLAISE.**

Eh! bonjour, mam'zell' Thérèse :
Où qu'vous allez drès l'matin ?

**THÉRÈSE.**

Soyez l'ben v'nu, monsieur Blaise ;
Vous allez m'donner la main.

**BLAISE.**

Mais comm' vous courez !

**THÉRÈSE.**

Tredame !
Si j'cours, c'n'est pas sans raison.
J'allons tout près d'Notre-Dame
Faire aussi mon Oraison.

Vous savez qu'dans c'jour propice,
Et qu'appelait notre vœu,
Notre auguste Impératrice
Y vient r'mercier le bon Dieu.
Or, quand la mère d'famille
Y vient chanter l'*sit Nomen,*
P'tit et grand', garçon et fille
Doivent répéter : *Amen!*

### BLAISE.

C'est juste ! mais t'nez Mam'zelle,
J'vous l'dis dans la joi' d'mon cœur :
C'te circonstance-là m'rappelle
C'que j'ons lu dans un auteur.
C'fut là que tenant un cierge,
L'aïeule du Grand SAINT-LOUIS (1).
Vint r'mercier la Sainte-Vierge
Du bonheur d'avoir un fils (2).

### THÉRÈSE.

Ce cierg'-là n'vaut pas l'étoile
Qui conduit not' Empereur,
Et l'fait voguer à plein' voile
Vers la gloire et le bonheur.
Si du Grand SAINT-LOUIS le père
Fut surnommé le LION,
Il en s'ra tout d'mêm', j'espère,
Du fils de NAPOLÉON.

### BLAISE.

C'prince, par l'auguste compagne
Du Monarque des Français,
Descendait de Charlemagne (3).

### THÉRÈSE.

Mon ami, c'est fort bien; mais
Si l'un descend, l'autre monte :
Et le Grand NAPOLÉON
Surpasse tout c'qu'on raconte
De ce héros, son patron.

(92)

## BLAISE.

C'est vrai g'nia pas dans l'histoire
D'objet de comparaison;
Et d'zanciens héros la gloire
Aujourd'hui n'est plus d'saison.
C'est un don d'la Providence
Qui veille sur les Français ;
Pour le salut de la France
Dieu le créa tout exprès.

## THÉRÈSE.

Conserve-nous ce bon père,
O Dieu qui veilles sur nous!

## BLAISE.

Conserve c'te tendre mère
Pour son fils, pour son époux!

## THÉRÈSE.

Que ce fils notre espérance (4),
Ait leurs nobles attributs!

## BLAISE.

Pour le bonheur de la France
Qu'il ait toutes leurs vertus!

P.....

## NOTES

(1) Isabelle de Hainaut, épouse de Philippe-Auguste.

(2) Louis VIII naquit le 5 septembre 1187. Il était la terreur des Anglais, de ce peuple inconstant et bizarre, de qui il avait été le roi.

(3) La maison de Flandres, de laquelle était Isabelle de Hainaut, issue par les femmes d'Alix de Vermandois, fille d'Albert, qui remontait de mâle en mâle à Pepin, roi d'Italie, second fils de l'empereur Charlemagne et d'Hildegarde, sa seconde femme.

(4) Napoléon (François-Charles-Joseph), prince Impérial, Roi

de Rome, né à Paris au palais des Tuileries le 20 mars 1811, sous le signe du bélier, baptisé le 9 juin suivant à l'église Métropolitaine de Notre-Dame, par S. A. E. Monseigneur le comte de Fesch, cardinal, archevêque de Lyon, grand aumônier de France, en présence de S. E. Monseigneur le cardinal Maury, archevêque de Paris, et le haut-clergé, les Dignitaires de la Cour.

Le Roi de Rome a été nommé par S. A. I. et R. Monseign. le grand duc de Wurtzbourg, représentant S. M. l'Empereur d'Autriche, parrain; par S. A. I. Madame, marraine, et par S. M. la Reine Hortense représentant la Reine de Naples, seconde marraine.

Sortant de l'église LL. MM. et le cortège des princes ont été au banquet et au bal de la Ville, elles ont été haranguées par M. le comte Frochot, préfet du département.

~~~~~~~~~~

Cette chanson fut imprimée aux frais de l'auteur, et distribuée par des joueurs de violon, qui l'ont chantée le matin de la fête, et donnée gratis au peuple dans les douze places publiques, là où le peuple attendait la distribution des billets de loterie, où était marquée la quantité de volaille et commestibles, pain, vin, livrés aux frais de la ville, en réjouissance de cet heureux événement.

Pareille distribution de chansons s'est faite au Jardin des Tuileries, place du Parvis Notre-Dame, place de l'Hôtel-de-Ville et tout le long des Boulevards, et rue Saint-Denis, où a passé le cortége; le soir il y eut même distribution aux Champs-Élysées, où s'est tiré le feu d'artifice, place de la Concorde.

On en distribua aussi les deux dimanches suivans, à Paris, pendant les réjouissances, à la fête de St-Cloud, et à la fête de Sceaux, cette dernière où habite l'auteur.

~~~~~~~~~~~~~~~~~~~~~~~~~~~~~~~

# ABRÉGÉ HISTORIQUE

## DE LA

## RÉVOLUTION FRANÇAISE.

═══════════════════════════════

# A L'INSTITUT DE FRANCE.

## ENVOI.

~~~~~

Q<small>UATRE-VINGT-NEUF</small> parut, les abus disparurent.
Les abus ! ils étaient nombreux !
Au feu sacré nos mœurs s'épurent ;
La liberté brille à nos yeux :
Mais ô crime ! ô revers affreux !
Des scélérats la défigurent ,
Et des abus nouveaux pour nous voilent les cieux.

L'ami de son pays forme des vœux stériles ;
Il paraît à-la-fois deux peuples différens :
L'égoïste infecte nos villes ;
Le vrai Français est dans le camp.

Tout-à-coup un guerrier.... le fils de la Victoire,
Paraît , et dissipe la nuit ;
Le bon Français respire , et le méchant frémit :
La grande nation , parmi des flots de gloire,
Se lève radieuse à la voix du héros.
Il lui rend le bonheur, le calme, le repos ;

Guerriers, aux ennemis son bras est redoutable :
Mais il joint aux lauriers l'olive de la paix,
Et tous ceux qu'épargna son courroux formidable,
    Sont enchaînés par ses bienfaits.

L'hydre des factions mutilée, abattue,
Dans la fange, à sa voix, cache son front hideux :
    La loi, trop long-temps méconnue,
Dans un Code immortel reparaît à nos yeux.
On voit renaître enfin l'allégresse publique ;
Il n'est plus qu'un seul vœu pour le peuple français....
Il est rempli ce vœu, présage des succès !
Et l'aigle de la France et l'aigle germanique
    Sont unis pour jamais !

Le ciel a conservé cet heureux hyménée :
Napoléon revit. La fille des Césars,
    En nous donnant un nouveau Mars,
    A fixé notre destinée ;
Et la gloire à jamais suivra nos étendards.

    Ardent ami de ma patrie,
    J'ai célébré dans tous les temps
Son triomphe, ses arts, ses succès éclatans.
    En bon Français, je l'ai servi
De mon bras, de mes biens, de mes faibles accens :
    Ami des lois, citoyen plein de zèle,
J'ai gémi des excès qui déchiraient son sein ;
    Et j'ai béni, sujet fidèle,
    La main, cette invincible main,
Qui fit croître pour nous cette tige immortelle.

Les temps sont arrivés : les Français triomphans
    Ont retrouvé leur gloire antique.
Je brise mes pinceaux ; et pour mes derniers chants,
De l'heureux Siméon j'entonne le cantique.

               Par M. P.....

# HOMMAGE

## A LEURS MAJESTÉS

### IMPÉRIALES ET ROYALES,

En leur présentant un petit Recueil qui a pour titre : *Opuscule civique*, ouvrage poétique, en leur Palais de St-Cloud, les 15 et 25 août 1811.

## A L'EMPEREUR.

MONARQUE, de qui l'Histoire
Fera la leçon des Rois,
Le soldat chante ta gloire,
Et le citoyen tes lois ;
Et la vieillesse et l'enfance
Vantent ta magnificence :
PRINCE, accepte mon hommage,
Sur ce recueil jette les yeux ;
Un autre peut te chanter mieux,
Nul ne peut t'aimer davantage.

# ACROSTICHE.

~~~~~~~~

Nos cœurs, nos vœux et notre hommage
Appartiennent à ce grand jour ;
Profitons ardemment de l'heureux avantage
Offert à notre lyre ainsi qu'à notre amour.
Louise, aimable objet de nos chants d'allégresse,
E........toile de félicité........,
O toi, dont les vertus égalent la bonté,
Je vois dans les Français qu'une ame de tendresse !
Le ciel par ces liens, en comblant sa faveur,
Opprime les méchans et protège la France :
Unie à nos destins, ah ! de notre existence,
Illustre Souveraine, assure la douceur ;
Sois sûre des Français ! de leur reconnaissance
En tes augustes mains ils ont mis leur bonheur.

―――――

Honneur, respect, soumission, fidélité à mon
Souverain, à ma Souveraine ; ce sont les
sentimens de l'ame, l'affection du cœur de
leur plus fidèle sujet,

―――――

# CHANSON BACCHIQUE.

## A MA RESPECTABLE AMIE,

## LE JOUR DE SAINT-LOUIS, SA FÊTE.

AIR: *Du haut en bas.*

Ce jour heureux
Qu'avec transport je solennise,
Ce jour heureux
Me rend toujours vif et joyeux.
Oui, je le dis avec franchise,
Quand je célèbre ma Louise,
Je suis heureux.

A ses vertus
Que tout le monde préconise,
A ses vertus
Je dois les plus justes tributs.
Aussi ma plus chère devise
Sera toujours : Vivent Louise
Et ses vertus.

Dès son printemps
Tendre fille, fille soumise,
Avec le temps
Elle eut un époux, des enfans ;
Et toujours ma bonne Louise
Est vraiment la terre promise
Pour ses enfans.

Trente-six ans
Sont passés depuis qu'à l'église
Des nœuds charmans
Unirent nos destins constans.
Comme un jour, s'il faut qu'on le dise,
Sont écoulés près de Louise
Trente-six ans.

J'en fais l'aveu :
Si quelquefois je donnais prise
Par trop de feu
A l'épouse, objet de mon vœu,
Jamais d'humeur, jamais de crise ;
Douceur, bonté, voilà Louise :
J'en fais l'aveu.

Notre Empereur
Au château fête sa Louise ;
Et de grand cœur,
Moi, j'imite notre Empereur.
Pour toutes deux même devise,
Et je ressens pour ma Louise
La même ardeur.

En son honneur
Sablons, sans délai ni remise,
Cette liqueur
A ses vertus, à son bon cœur !
Trinquons, chantons : Vive Louise !
Et qu'aujourd'hui chacun se grise
En son honneur.

P.....,

# LE BON MÉNAGE,

## OU

# L'ÉLOGE DE LA VERTU.

J'AI le bonheur, et je sais l'apprécier, d'avoir pour épouse Marie-Louise N......., qui fait tous mes délices et ma félicité depuis 36 ans ; ce nœud conjugal ne me semble qu'un jour, vu son aimable caractère et sa conduite régulière. Elle fut bonne fille, aimante, économe, laborieuse ; elle est vertueuse et fidèle épouse, tendre mère, charitable amie, fidèle sujette, secourant l'indigent. Hélas ! quand je pense combien de fois elle s'est exposée dans ce règne où tout était abus de pouvoir ; dans ce temps où les hommes ne savaient ni commander ni obéir, chacun n'aspirant qu'à être les premiers ; dans ce temps malheureux où l'on conspirait le massacre de nos concitoyens ; où, jeté sous les verroux dans l'Hôtel de la Force, avec les soixante et treize législateurs, sous la garde des cerbères, cette digne amie a forcé plus d'une fois les barreaux de ma prison, et venait dans mon cachot, avec mes enfans, supporter le poids de mes chaînes et essuyer mes pleurs, en

gémissant tous sur les calamités publiques : ils avaient
juré de ne me point survivre si j'avais succombé sous
le glaive des assassins : notre tombe même était
préparée.

Telle est ma bonne et respectable femme ; elle est
de celles que l'on peut citer comme exemple; elle ne
m'a jamais contrarié sur mes actions civiques, ni ne
s'est jamais plaint des sacrifices que j'ai faits pour mon
pays. Comme moi elle supporte son infortune avec
force. Je lui ai de grandes obligations de ses sages
conseils, par ses remontrances justes et équitables,
dont j'ai plusieurs fois fait droit et m'en suis bien
trouvé, quand des nuages quelquefois se sont éclatés
en tempête par ma vivacité et ma trop grande
jeunesse.

En effet, devant les charmes je baissais pavillon et
devenais, malgré moi, un séduisant *Alcibiades*. La
jalousie, la cruelle jalousie des belles surannées, ces
coquettes insensibles me nuisaient en faisant part de
mes incartades à ma chère moitié, en me supposant
d'offensantes chimères, et par des fourmillières de ca-
quetage voisines, avec dessein de renverser ma ruche.
Hélas ! que de mouvemens sans objet ! Que de bruit
sans motif ! Que de propos d'infidélités en l'air ! Que
d'opinions sans principe ! Que de jugemens sans réflexion ! En effet, j'ai commis quelques extravagances ; j'accuse même avoir été indiscret.... J'en fais
l'aveu : plusieurs belles ne m'ont pas déplu; les unes
m'inspiraient des désirs, les autres des ardeurs. Mais
pour ma M. L. N. mon cœur et mes sens étaient
toujours agités par l'estime, l'amitié et le véritable
amour.

Elle a su par sa douceur et son sang-froid en cal-
mer l'orage : l'amour et la raison remettaient l'accord
entre nous. J'ai reconnu plus d'une fois mes torts ;
je suis un des heureux maris : aussi fais-je des vœux
au ciel pour attraper la cinquantaine afin de renouveler notre mariage. Croyez, mes chers lecteurs, que
je vous en ferai part, ainsi qu'à leurs Majestés Impériales et Royales, pour qui je fais les mêmes vœux ;
qu'il retranche même sur les miens pour la prolonga-
tion de leurs jours, pour le bonheur de ma patrie.

P. . . . .

~~~~~~~~~~~~~~~~~~~~~~~~~~~~~~~

# MES ADIEUX

## AUX AMES RECONNAISSANTES;

# MON DERNIER MOT

## AUX AMES INGRATES.

~~~~~~~~~~

L A première pièce de vers de cette brochure m'a valu
une critique de la part d'un homme qui, sans doute,
n'a pas mes sentimens, ni n'est pas ami de l'ordre,
par l'envoi qu'il m'a gratifié de quatre mauvais vers
latins dictés sans raison. On y voit un fou ou une
passion de la part d'un lâche anonyme, encore atta-
ché sans doute aux ennemis de la France, qui a
fabriqué ténébreusement cette diatribe virulente ; ce
personnage a probablement un intérêt particulier
pour perdre ainsi son temps ; mais sa satire est d'une
invention méchante et misérable, d'un style flasque
et fade, partant d'un exécrable caractère, et faus-
sement dirigée : le mépris a été ma seule réponse,
quoique soupçonnant l'auteur.

Que de rapsodies, hélas, ne voit-on pas dans la
vie ! Mais je sais que le plaisir et la peine doivent se
combattre. C'est dans cette circonstance que la morale a plus de poids sur une conscience pure, une

ame franche qui sait toujours surnager l'esprit au-
dessus de la folie d'autrui ; les sottises ne viennent
la plupart que des sots, ou ceux qui les colportent
comme messagers de la part de ces êtres qui sont à
tous vents, qui n'ont point de patrie, qui ne sont
bien où ils ne sont pas, qui n'aiment que le trouble,
qui sont à ceux qui les paient le mieux, parce qu'ils
croient toujours être en révolution.

Je n'ai point cherché à découvrir le motif qui a
conduit cette plume vénale d'où partaient la calomnie
et le calomniateur ; ce n'est pas le seul écrit incen-
diaire que j'ai reçu. On a beau chercher à faire le
bien, on ne peut être à l'abri des méchans : ce qui
m'a toujours encouragé, c'est que la majorité des
bons Français a approuvé ce que les malfaisans ont
blâmé. Quel est celui qui peut se flatter de ne pas
avoir d'ennemis ? Néanmoins il faudrait une loi qui
imposât un cachet sur les lèvres d'un pamphéletaire,
comme autrefois, la loi du fer chaud contre le blasphémateur ; car c'est un crime de lancer des libelles
pour nuire à autrui. Il faut sévir avec rigueur contre
ces séditieux qui troublent l'Etat, les faire trembler
devant un gouvernement qui veut qu'on se conduise
avec sagesse, justice et bonté ; qui veut que l'on res-
pecte les droits de chaque classe de citoyens, de
même qu'il protège la France contre les aggressions
injustes. Ils croient ces libellistes ramener le trouble :
voilà quel est leur but, de faire la guerre par des
libelles, vu leur impuissance, et comme agens de nos
ennemis extérieurs.

Il aurait voulu que je lui répondisse ; certes, je
n'aurais pas été en peine de le confondre, connais-

sant son immoralité. Il aurait encore plus désiré que
je lui donnasse quelque chiquenaude pour en tirer
profit. Telles sont les extravagances de ces malheureux effrénés; je ne l'ai vu que trop dans ces querelles intestines, au moment où le gouvernement
républicain ne savait pas se faire respecter, où les
hommes s'oubliaient, qui, en faisant connaître leur
noir complot, n'en perdaient pas leurs mauvais desseins, pour avoir le droit de procéder en matière
civile ou criminelle. Mais non; j'adopte ces vers :

Le bruit est pour le fat, la plainte pour le sot;
L'honnête homme trompé s'éloigne et ne dit mot.

Pour ce qui me regarde, voilà ma maxime, comme dit
un grand homme : *L'imposture n'est qu'un fantôme qui
disparaît aux yeux du juste.* Comme sans doute
cette brochure lui sera connue, il verra que je le
dénonce au mépris public; il verra combien j'ai su
le juger pour méchant, car un anonyme décèle un
mauvais cœur et une ame de boue.

S'il valait la peine de lui répondre sur ma conduite
politique, je lui dirais : Combien y a-t-il, comme
moi, de ces hommes qui ont fait et refait des
sermens dans le cours de la révolution, mais toujours occasionnés par des circonstances tumultueuses,
mais nécessaires à chaque établissement d'autorités;
les uns en vue du bien, ceux-là sur l'espérance d'un
meilleur ordre de choses, les autres par respect et
idolâtres des lois, d'autres encore par crainte, puis
par ambition? Mais ceux qui sont capables d'adresser
des anonymes, des marrons (*), des pamphlets et

(*) Terme typographique.

des libelles ; ceux-là , dis-je , n'ont fait leurs sermens qu'au bout des lèvres avec le simulacre , se couvrant du manteau de l'honnête homme pour mieux nuire et livrer leur patrie à nos ennemis , s'ils l'avaient pu ; mais les sages lois du gouvernement sont pour eux un trouble dans leur esprit faux , qui les surveille.

On voit ces folliculaires , ces lanceurs d'épigrammes latines , agir suivant les circonstances ; ils prennent des marches nouvelles suivant leur sûreté et leur intérêt ; ils sont confondus du progrès des lumières, des causes qui les ont accélérées , de l'effet qu'elles produisent tant sur les lois que sur les mœurs : n'en déplaise à ces hargneuses cotteries , qui enragent de même de ce que l'Empereur par sa sévère justice a détourné leur corne d'abondance comme salariés par les guinées qu'ils recevaient par la Manche de l'Ile Noire , de nos plus implacables ennemis : le temps est passé où ces intrus voulaient se donner des airs d'autorité , comme les laquais se donnent des tons en l'absence de leurs maîtres. Vient-il à se montrer ? Tous se taisent , tous se dispersent et s'enfuient aux mansardes : tels sont ces souffleurs de discorde dans un gouvernement faible et irrésolu ; mais celui-ci les fait rentrer dans la fange dont ils n'auraient jamais dû sortir.

Je sais que pour leur plaire il faudrait être de leur avis. Je n'ignore point qu'on plaît davantage à la multitude en flattant ses passions , ou se séparant du sens commun, en entrant dans leur dire ou les complots de telle ou telle opinion de ces sociétés nocturnes , qui tous , en faisant l'éloge de la tolérance , ne cessent de la calomnier , et prêchent l'in-

tolérance et le fanatisme ; qui défendent aujourd'hui
une cause et la combattent le lendemain ; qui ont
l'ame assez basse pour vous caresser publiquement,
et qui en arrière vous déchirent : ils seraient bonzes
à Pékin, bramines dans l'Inde, inquisiteurs en Es-
pagne, et au besoin tantôt fanatiques ou philosophes
à Paris. On est donc méprisé par ces manouvriers ,
ces convertis forcés qui n'ont pas encore oublié leur
extravagance anti-sociale ; voulant avilir toute
idée patriotique, toujours critiquant et les hommes
et les choses, ils voudraient couvrir d'infamie la
philosophie du dix-huitième siècle qu'ils affectent.
Ah ! malheureusement pour la société il existera
pendant long-temps de ces frelons-là , ces athlètes à
gage, ces cercles de cotterie anglaise composés de
ces anciens malfaiteurs ennemis irréconciliables de
tout gouvernement, où se conspire la perte des
États, où se fabriquent la médisance, la calomnie
et l'injustice, parce qu'ils redoutent les autorités
impartiales : ceux-là n'ont jamais été ni francs roya-
listes, ayant abandonné leur poste , ni vrais républicains , ni bons militaires , pas même citoyens.

Quant à moi, aucun intérêt m'a fait agir; j'ai toujours eu le même but : en pleine liberté, comme dans
les fers en temps de trouble, j'ai été, je suis, et je
finirai mes jours, tel que je me suis montré, patriote.
J'ai vaincu mes passions , j'ai combattu les erreurs
que j'ai pu approuver quand j'ai cru bien faire ; il
n'y a pas de honte de revenir sur ses pas quand on
a pris une ligne oblique ; le remords est dans un bon
cœur. Mais sans jamais avoir altéré mon civisme ni
dévié sur mes opinions patriotiques , servir ma pa-

trie a été le seul mobile qui m'a fait agir. Oui, je resterai fidèle à mon dernier serment que j'ai signé en 1804, que je devais au monarque constitutionnel NAPOLÉON ; et dans l'hommage que je lui ai rendu, ma main n'a écrit que ce que mon cœur m'a inspiré, et ce que ma bouche répète. Que l'on relise mon discours à lui adressé en 1806 à son retour d'Austerlitz.

Je ne m'en effraie pas plus ; je n'en parlerai pas moins le langage de la vérité ; je n'hésiterai point à la dire et à la soutenir avec le même courage que j'ai mis lorsque la patrie étoit dans le plus grand danger, qui me valut la gloire d'être proscrit. Ma constance ne craint rien, je n'en suis pas plus flatteur ni courtisan dans sa propérité actuelle ; je n'attends rien de sa fortune ; la justice seule est l'unique espérance pour un homme, dans un gouvernement aussi illumineux ; et j'espère que Dieu aidant mon Souverain, il bayonnera bientôt ces rebelles cotteries dont la France est encore agitée par les troubles de ces boute-feux de l'Angleterre, les espions de cette nation perfide qui veut, malgré le droit des gens, conserver l'empire des mers, ce qui ne sera pas. NAPOLÉON est là !.... NAPOLÉON l'a dit !

Critiquer un homme en l'injuriant, ne pas signer son envoi, c'est le fait d'un faux brave. Je sais que je n'ai pas le bonheur d'être poète, et cependant j'aime la briéveté de ce langage, qui en peu de mots dit beaucoup. J'ai pu demander des avis, mais jamais je n'ai emprunté l'esprit d'autrui ; les vingt-trois années de travail m'ont servi d'étude. J'aime les vers et la gaîté comme *Fontenelle* aimait les ta-

bleaux et les femmes ; j'avoue mon faible. La nature parle peut-être plus chez moi que chez un
autre ; ce penchant èst venu avec nous : la femme
est née pour l'homme ; sans cela que deviendrait le
monde (*)? Rien de plus parfait quand elles sont
douces, jolies, aimables, bien faites : quel superbe
tableau ! Elles m'ont plus d'une fois, je l'avoue,
fait brouiller les yeux ; les beautés font mes délices :
elles ont beaucoup exercé ma plume. L'homme a
besoin d'un délassement ; mais j'ai toujours fait que
mon plaisir ne passât pas mon devoir, ni ce que je
devais à ma famille, à la société, et sur-tout à ma
patrie (**).

Comme homme, jamais je ne me suis écarté de
mon caractère ; j'y ai mis tous mes moyens tant physiques que moraux, en disséminant ma fortune bien
acquise par mes labeurs avant la révolution. J'ai
cherché à répandre la gaîté générale dans ma patrie, sans m'écarter des principes des mœurs de
la bienséance, en prêchant le devoir, la soumission
et le respect aux lois, par les sentimens de l'amour,
de l'amitié, de la compassion et de la tendresse ;
c'est une passion née chez moi, comme si tous les
hommes eussent été mes frères ; enfin à faire du
bien quand j'ai pu, présenter des projets, faire des
mémoires tendant à relever le crédit de l'Etat, faire
cesser ses besoins, augmenter ses revenus, accroître

---

(*) C'est mon ouvrage qui a pour titre, *mon long Voyage*,
où je peins la courtoisie et l'urbanité françaises, adressé à une
belle, qui sans doute me fait injurier par ce libelliste.
(**) Les armées y ont gagné plus de vingt défenseurs et tous
braves, résultat de mes offrandes à Vénus ; et c'est servir l'Etat
que de lui produire des soldats.

sa puissance, et m'assurer efficacement de ses progrès, chanter ses victoires : c'est le but de tout sujet,
de tout citoyen qui ne connaît jamais d'intérêts plus
chers que ceux de son pays, ses triomphes et ceux
de son souverain. Voilà, n'en déplaise à l'importun,
le langage que j'ai toujours tenu, et y être fidèle
est mon dernier serment. Heureux si ces vues ne
laissent rien à désirer aux gens de bien, que d'être
approfondies avec la pureté du zèle qui les a dictées.

Tel que doit être un véritable Français recon-
naissant envers le sauveur de son pays, de même
ces hommes à caractère, ces fiers républicains, ces
sévères religieux peuvent bien dire aujourd'hui : J'ai
été dans l'erreur croyant que mon opinion pouvait
dominer, de croire que tous les hommes étaient dignes de l'être. Je me suis battu pour ma patrie,
parce que je l'aime ; je dois de même aimer celui
qui l'a sauvée, et prêt à me battre pour le défendre
au moindre appel. Je m'arrête à ce dernier serment ;
je n'y serai pas parjure ; car sous le règne de NA-
POLÉON, ils peuvent dire comme Thémistocle : *quel
portrait je me faisais des rois !* Lorsqu'il se présenta
devant *Xercès,* cette entrevue valut la paix dans
un Etat et la grâce d'une famille. On peut bien
comparer, et plus encore, la grandeur, la clémence
de l'Empereur des Français, pour le moins à ce
prince ; car depuis huit ans qu'il est sur le trône
(sans omettre ses premiers bienfaits), il a fait, comme
Souverain, l'ouvrage de plusieurs siècles, et il est
reconnu par son génie pour le plus grand législateur, le plus grand capitaine ; en un mot, sa vie
n'est qu'un cercle de gloire et de bienfaits.

Eh bien, faut-il pour avoir aimé sa liberté sans licence et désiré le bonheur général, avoir combattu l'injustice de toutes mes facultés intellectuelles, comme pouvait la combattre un particulier aisé, sans d'autres ressources que son patrimoine, ses droits, son courage, son honnêteté, par l'amour qu'il a pour sa patrie ! voilà le seul motif qui peut m'attirer la haine des méchans. Heureusement que le sort de la France ne dépend pas d'eux. Je sais que j'ai contre moi une terrible faction, celle des ingrats ; et malheureusement le mal se propage plus que le bien, parce que l'égoïste s'empare du cœur des hommes faibles. Je suis tout résigné à leur persiflage : pourvu que j'aie l'approbation du général et l'accueil des gens de mérite, cela me suffit.

Je remplis mon devoir envers la société en publiant cette injure pour surveiller les méchans. J'aurais pu me rendre accusateur, mais je dédaigne ce rôle et l'ai toujours dédaigné ; je laisse au coupable à se repentir. Je suis accoutumé au malheur, j'ai appris à le supporter ; cela ne se peut guère autrement, quand on est le défenseur des opprimés : mais loin de moi toute idée de haine et de ressentiment. Un vrai patriote, un ancien militaire n'en conçut jamais ; il méprise les injures, abandonne à la société ces instigateurs, et doit solliciter près du Gouvernement une loi pour punir ceux qui trahissent les devoirs de l'amitié, de la justice et de la religion, sur-tout aujourd'hui que les bons esprits sont d'accord avec les vœux et les lois du gouvernement pour rattacher à la morale les lettres, les sciences et les arts; que les injures seront bannies du barreau, même des journaux, comme les juremens et les mots obscènes le sont de toutes les bonnes sociétés. Quant à moi, je me bornerai à couvrir du plus souverain mépris ses procédès criminels ; je l'abandonne dans le linceuil du déshonneur dont il s'est lui-même à jamais enveloppé.

Mais ce qui me console, c'est que sous aucun gouvernement le plus rigide je n'ai jamais eu de découpures des ciseaux de la censure, que de la part de nos ennemis communs, et de ceux que l'intérêt, la basse jalousie dominent, qui, sous la couleur du caméléon, se glissent partout, ne respectant pas la loi par raison, mais par passion : voilà les êtres qui crient haro au parti qu'ils acceptent ; cela fait voir que si la justice et l'autorité font les lois, les sages habitudes forment les mœurs, comme le gouvernement sous lequel nous avons le bonheur de vivre, qui se fait aimer et craindre, parce qu'il favorise le juste et réduit l'intrigant au silence. Au surplus, voilà mon dernier mot : Je salue de mon profond respect les bons Français de tous les départemens ; je laisse au méchant la liberté de critiquer et de jouir du *liberum veto*.

P.....

# L'ACCORD DE LA RELIGION

## AVEC LA PHILOSOPHIE,

### OU

# LA RAISON HUMAINE

## AVEC LA FOI.

OUI, je prouve que celui qui fait bien est toujours satisfait, il vit sur l'espérance d'un avenir heureux; au contraire, celui qui fait le mal est toujours
sur le qui-vive, tôt ou tard le châtiment le frappe
ou l'attend dans cette vie ou dans l'autre.

En ma qualité d'homme, comme au rang des êtres
intelligens, comme franc patriote, franc sujet de
l'État, je crois que nous sommes destinés à connaître
la justice, destinés par conséquent à la pratiquer, à
servir sa patrie, respecter ses lois, ne point médire de
son prochain ; à ne vouloir pas plus de mal à autrui
qu'à soi-même : voilà la véritable justice. Qui ne le
fait pas est un monstre, et doit être exclus du cercle
social, et puni sévèrement. Il en existe malheureusement pour la société de ces êtres remuans qui n'ont
ni foi ni loi ; mais qu'il faut mépriser : ils veulent
essayer à faire des opprimés ; ils calculent mal : ceux-
là ne pensent pas qu'il est un Dieu vengeur ; que

leurs factions en vain se remuaient ; ce serait comme des reptiles qui se soulèvent de terre après un orage, et que l'on écraserait en marchant ; donc leurs efforts seraient superflus. Que ces cafards hypocrites apprennent, du fond de leur caverne obscure, que leur complot sera toujours découvert ; qu'il est impossible de mettre des obstacles, quand un Gouvernement est guidé par un génie philosophe ; qu'il tient le gouvernail, et qu'il fera toujours marcher avec triomphe le vaisseau de l'Etat, parmi les vagues des factions follement mutinées ; et que, s'il s'en échappe quelques-uns à la vengeance des lois, on les retrouvera au jugement éternel, tel caractère qu'ils prennent ; parce que Dieu qui protége la France, connaît jusqu'au fond de l'ame des méchans, et ne laisse rien impuni.

Que le méchant tremble donc au moindre signal du Souverain de la terre ! Que les Anglais ou leurs agens frémissent ! Qu'ils connaissent peu l'esprit national qui règne en France ! Les braves et les bons citoyens sont là ! Lorsque la patrie est offensée, tous les intérêts particuliers s'évanouissent ; quand l'intérêt commun les appelle, les Français unis ne forment qu'un faisceau ; fortune et vie, pour eux, n'est rien ; la plus brillante est celle, selon eux, qui finit dans le sein de la victoire ; et quelle victoire, en effet, plus belle que l'orgueil national, que celle qui dompte l'amour de la vie, qui chez le Français est si naturel. Telle a toujours été l'opinion de l'homme vraiment digne de lui-même, depuis la révolution. Que de *Curtius* Français n'a-t-on pas vus ? Je ne chicanerai pas la mienne ; j'ai agi selon mon cœur sans craindre ;

et ce n'est pas parvenu proche l'extrémité de ma carrière, que je dois reculer. Après avoir affronté tant de dangers, voilà mon dernier serment et mon opinion religieuse.

Je vais répéter ce que j'ai déjà écrit, lorsque je fis la gravure du Concordat. Je dis donc que la religion et la philosophie sont deux guides assurés qui mènent l'homme à la connaissance de toute chose, et qui le conduisent à la possession du souverain bien. Elles tirent toutes, dans leur origine, d'un même principe; le vrai philosophe a l'ame vertueuse, parce que son travail ne tend qu'au bien; le vrai ministre des cultes ne prêche qu'une morale pure; il ne commande de ne faire que le bien : donc leur principe est régulier. La philosophie guide la raison, la religion guide la foi; elles n'ont l'une et l'autre pour règle que la prudence et l'espérance, et n'ont qu'une même fin. Elles ont chacune leur certitude et leur infaillibilité; et rien ne les met en opposition, que le mauvais usage qu'en fait notre nature corrompue, qui, leur donnant trop ou trop peu, ne leur accorde pas équitablement à chacune en particulier ce qui leur appartient véritablement; la philosophie ou le droit usage de la raison humaine, puisque ce n'est qu'une seule et même chose, nous donne une pleine certitude des connaissances humaines et naturelles, et nous élève jusqu'à la capacité de pouvoir nous appliquer avec succès à l'étude des surnaturelles des mœurs; voilà quel est son but, elle ne pénètre pas plus avant; et c'est ici que la religion établie uniquement sur l'autorité divine prend sa place, qui sont à la vérité beaucoup au-dessus de la portée de

nos faibles lumières, mais qui, procédant d'un même
principe ne sont certainement pas contraires aux
lumières de la droite raison, qui ne nous a pas été
donnée pour n'en pas faire un bon et légitime usage.
Elles ne sont donc nullement opposées ; au contraire,
elles sont unies entre elles d'une liaison très-étroite,
elles se touchent de si près, qu'elles se donnent la
main en signe de concorde et d'union : voilà ce qui
s'appelle le vrai patriotisme.

Persuadé que nos intelligences sont des émanations
de la divinité, et que nous lui ressemblons par la
faculté de penser et d'agir ; que cette divinité est
en nous un portrait de famille ; que, enfans du sol
où elle nous a fait naître, nous devons défendre notre
mère-patrie ; que ce doit être toute notre sollicitude,
et par conséquent que l'homme soit attentif à consulter la nature des choses sur sa création ; accoutumé à méditer les lois, c'est ce qui m'a fait apprécier que nous devons être gouvernés, et qui est le
seul moyen infaillible, mais unique, de nous rendre
sur la terre aussi heureux qu'il est possible de l'être ;
ce n'est pas cette fortune qui fait le vrai bonheur,
c'est le contentement de soi-même ; et quel est-il ?
C'est quand sa patrie est en paix ; elle ne peut l'être
sans religion, sans justice, sans lois, sans mœurs :
on ne peut pas être heureux, sans que le plus saint des
devoirs soit rempli. L'homme n'est rien sans l'honneur : celui de l'acquérir, et de se rendre utile à sa
patrie, de combattre les méchans ; voilà le devoir religieux de tout être pensant.

J'ai servi Dieu, ma patrie et mon prince étant fortuné, je pouvais faire le sacrifice que j'ai fait, je m'y

suis cru obligé sans conseil , sans sécours , que mon
zèle et mon cœur : selon moi , la vie la plus brillante
est celle qui finit avec l'ame pure ; les méchans en diront ce qu'ils voudront : pour moi, ma confiance est
en Dieu. C'est de lui que je tiens toutes mes facultés
intellectuelles : je pense que les bonnes actions sont
récompensées, comme les méchantes punies. Non,
non , ce divin instituteur ne peut voir de même œil
ses bons et ses mauvais serviteurs, ceux qui observent
son Evangile , et ceux qui ne l'observent point, puisqu'il veut que nous soyons justes ; qu'à ce sujet, il
nous a, par sa loi, manifesté sa volonté, et que c'est
le mobile de toutes les religions que les peines doivent
être appliquées, tant pour l'avare, l'assassin, le
mauvais ministre, l'usurier, que pour le prodigue,
l'apostat et le voleur ; et que le bon doit bénéficier
de sa loi. Si l'oubli d'un tel devoir n'est pas puni dans
cette vie, croyons qu'il ne peut manquer de l'être
dans une autre. Ah ! gardons - nous de chercher à
obscurcir cette précieuse vérité ; elle ne peut être que
la terreur des méchans , la consolation des bons , le
soutien de la vertu.

« Il importe, dit *Pline*, au bonheur des sociétés
« de croire que la divinité peut quelquefois différer
« la peine du crime, et qu'elle n'a pas placé l'homme
« si près d'elle pour le confondre ensuite avec mé-
« pris parmi les brutes. » Aussi un grand prince fut
traité de mauvais citoyen par un législateur romain,
pour avoir voulu établir le dogme de la mortalité de
l'ame, dans son plaidoyer à la défense d'un magis-
trat de Rome.

Il est des hommes très-vertueux ; il en est aussi de

très-vicieux : voilà la cause de la récompense et de
la punition présente ou à venir. L'homme est donc
fait pour être conduit par de grands mobiles ; il doit
donc lui appartenir des jouissances ou des douleurs
dans ce bas monde ou après sa mort, suivant le cas
de sa vie morale ou politique. « L'ame est immor-
« telle, et Dieu a eu la bonté de la créer pour la
« rendre heureuse : nous devons espérer qu'après
« cette vie nos vertus et nos bonnes actions seront
« récompensées ; mais il y a dans l'autre monde des
« supplices destinés aux crimes. » Tel est le caté-
chisme que *Thomas Morus* attribue aux *Utopiens.*
Et quel homme que ce Thomas Morus ! La vie et
la mort de ce Socrate moderne prouvent qu'il n'était
pas moins que *Lucien*, convaincu de ces vérités : et
que dirons-nous du prince des orateurs qui, dans son
Traité de la Vieillesse, nous assure que rien ne peut
lui arracher l'espérance de l'immortalité : *Sed me
nemo de immortalitate depellet ?*

En effet, pour peu que nous réfléchissions sur ce
qui se passe habituellement en nous, tout doit nous
convaincre que l'homme est composé de deux êtres
très-distincts ; l'un, matériel, sujet conséquemment
à la destruction ; l'autre, immatériel, et que la raison nous démontre n'être point destiné à périr avec
le premier comme être matériel. Qu'est-ce que
l'homme ? Un atome, moins qu'une goutte d'eau qui
se perd dans l'immensité des mers ; mais comme être
immatériel et intelligent, rien de plus grand que lui
dans l'œuvre de la création : il peut se flatter de par-
ticiper aux attributs de la divinité. Quant à moi, j'ai
la pleine conviction de cette vérité sainte ; et je di-

rais : Si nous voulons toujours être véritablement hommes, et que le sentiment de l'honneur ne s'affaiblisse jamais en nous, croyons en Dieu, moyen naturel et infaillible de nous rendre parfaitement heureux ; et que ses lois éternelles soient les règles de toutes nos actions. Il sera le soleil de nos ames et la vraie boussole de notre conduite.

P.....

# L'ANNÉE HEUREUSE,

## OU

# LA COMÈTE DE 1811.

AIR *du petit Matelot.*

HABITANS de la forme ronde,
La *comète* vous fait frémir !
Quoi! vous craignez la fin du monde !....
Veuillez un moment réfléchir....        (*bis.*)
Comment! sous ce règne prospère,
Avoir une semblable peur !....
Quand le ciel plaça sur la terre
NAPOLÉON notre sauveur.        (*bis.*)

Lorsque l'ETERNEL favorise,
France, ton régénérateur ;
Son union avec LOUISE
Doit dissiper toute frayeur.        (*bis.*)
Existe-t-il un astronome
Qui pourrait prédire un malheur?
La naissance du ROI DE ROME
Eternise notre bonheur.        (*bis.*)

~~~~~~~~~~~~~~~~~~~~~~~~~~~~~~~~~~~~~~~

# IL FAUT SE RENDRE UTILE,

## DISSIPER LA PEUR, DISSOUDRE L'ERREUR :

## TEL EST MON BUT.

## J'ai consulté, j'ai lu, j'extrais, et je distribue.

~~~~~~~~~

Je ne trouve rien qui ne soit plus sérieux pour moi et mes plus sincères amusemens que de pouvoir servir ma patrie et éclairer de mes faibles lumières mes compatriotes, quand l'occasion se présente. Dans ce moment j'en ai la facilité en leur faisant part de mes opinions et de mes recherches sur leur trop de crédulité des peurs que leur font ces hommes à gage, qui sans cesse ne s'occupent qu'à effaroucher les peup'es et troubler les Etats, par les inquiétudes qu'ils répandent sur telle ou telle chose. Il semble que tout doit être en feu sur la nature entière : *Instruire le peuple de tout ce qui peut échapper à leurs lumières ou résister à leur entendement*, c'est ce que j'entreprends pour les mettre à l'abri de ne point être dupes des malveillans, sur-tout des contes bleus que l'on débite avec emphase depuis l'apparition de la *comète*, et d'éviter

de troubler leur imagination. Il faut leur faire savoir que ce que débitent tous ces faux savans qui
se disent devins, sorciers, magiciens, qui sans cesse
parlent d'horoscopes, de pronostics, de talismans,
de sorcilège et de magie, ne sont rien moins que
des menteurs, semblables à ceux qui faisaient les
loups-garous pour faire peur aux enfans, traînant
leurs chaînes dans les rues et nuitamment, pour le
jour avoir des pratiques en faisant des dupes, en
marmotant avec leur longue barbe et leur mine fé-
roce et pâtibulaire des mots qui ne sont d'aucune
langue, dont même ils ne connaissent pas le sens.
Ceux qui me liront au moins reconnaîtront l'ignorance et le peu de savoir de ces perturbateurs du
repos public ; car quand ils en seront prévenus et
instruits, ils pourront s'en garantir.

Une comète est un corps céleste, qui a une sphère
d'une si vaste étendue, qu'il passe d'un tourbillon
dans un autre ; et que quand il s'approche de nous,
il se rend visible ; et que quand il s'en éloigne il est
invisible à notre égard, quelquefois à cent millions
de lieues. *Cometes, cometa, stella crinita, sidus
crinitum, les comètes* sont au-dessus de la lune ;
et dans la région des planètes, étant elles-mêmes une
espèce de planètes qui décrivent des orbes par un
mouvement perpétuel, leur corps est solide, et elles
tirent leur splendeur de la lumière du soleil qu'elles
réfléchissent. Elle a cela de particulier, qu'elle est
accompagnée d'une longue traînée, ou de certains
rayons de lumière, qui est toujours opposée au soleil, et qui s'affaiblit en s'éloignant. Ces rayons sont
apparemment réfléchis par le corps de la *comète ;*

c'est ce qui les fait distinguer en trois sortes. La co-
*mète barbue* est celle qui est orientale au soleil, et
qui se lève devant lui ; car alors cette lumière marche
devant le corps de la *comète* en guise de barbe,
*cometes barbatus*. La *comète coudée*, ou à longue
queue, est celle qui est occidentale, et qui paraît
après le soleil couché ; car alors la *comète* précède
cette traînée, *cometes caudatus*. La troisième est la
*comète* à la rose, autrement nommée *chevelue*, qui
paraît lorsque le soleil et la *comète* sont diamétrale-
ment opposés, et que la terre est entre deux, *cometes crinitus ;* car alors cette traînée est cachée der-
rière le corps de la *comète*, et il ne paraît que quelque peu de rayons autour d'elle en forme de chevelure : un peu avant que la *comète* cesse de paraître,
sa grandeur apparente diminue, et sa lumière diminue peu à peu. Les *comètes* tournent d'Orient en
Occident autour de la terre, et semblent décrire un
cercle parallèle à l'équateur.

Le mot *comète* dérive d'un nom grec qui signifie
étoile chevelue. Il résulte que ce sont des astres qui
roulent autour d'un autre soleil dans un autre tourbillon du monde, lesquels s'approchent quelquefois
de celui-ci ; alors ils paraissent et s'en éloignent ensuite. Ce n'est qu'un amas de plusieurs étoiles comme
celles qui forment la voie de lait. Ces planètes ayant
des mouvemens inégaux, se joignent de temps en
temps, et se rendent alors visibles par leur union.
Les *comètes* sont très-fréquentes : voilà celles qui ont
paru de notre ère ; la première, l'an 64, du temps
de *Néron ;* la seconde, vers l'an 603, du temps de
*Mahomet ;* la troisième, en 1240, du temps de *Ta-*

*merlan.* On en voit plusieurs dans une année ; il s'en est vu jusqu'à neuf dans une seule année en 1680, et beaucoup que les peuples ne voient pas et que les astronomes observent. Ce serait à l'infini s'il fallait les décrire toutes : celle de 1729 a été observée pendant six mois, celle de 1769 pendant quatre mois : celle de 1744 n'avait pas un grand diamètre, mais sa queue était très-étendue et très-lumineuse.

Il y a plus de six cents *comètes* dont il est fait mention dans les auteurs astronomiques ; mais il n'y en a qu'une centaine qu'on ait observées et décrites jusqu'en 1795, de manière à pouvoir les reconnaître quand elles paraîtront : la *comète* de 1759 qui avait paru en 1482, et dont on avait prédit le retour en 1705. Celle qui fixe dans ce moment l'attention publique, qui a été annoncée en mars dernier, et dont l'effet de son mouvement s'est prolongé vers la fin de mai : elle est maintenant dans cette constellation que tout le monde connaît sous le nom de *grande Ourse*. Depuis quelques jours, elle s'est assez approchée du pôle pour ne plus se coucher ; on la voit la nuit entière, lorsque le temps n'est pas nébuleux : elle pourra être observée par les astronomes jusqu'à la fin de cette année, ou, si elle s'éteint, nous annoncer le retour.

L'irrégularité du mouvement des *comètes* est purement apparente ; on y trouve les mêmes lois, quand on les rapporte au soleil. La seule différence est que les orbites des planètes sont presque rondes, et que celles des *comètes* sont beaucoup plus alongées ; la lumière des *comètes* est toujours faible et douce ; c'est donc une lumière du soleil qu'elles réfléchissent vers nous, aussi bien que les planètes. On distingue les *comètes* par ces traînées de lumière dont elles sont souvent entourées et suivies, qu'on appelle tantôt la chevelure, tantôt la queue de la *comète*. Voilà toute la science pour cette observation, qui fait annoncer leur retour : cependant il y a eu des *comètes* sans chevelure, sans barbe ni queue.

De plus, il y a une autre sorte de *comète* qui est sublunaire, et qui n'est qu'un *météore*, et une inflammation des exhalaisons de l'air grossier. C'est une erreur populaire de croire que les *comètes* soient des causes ou des présages de malheur ; l'apparition des *comètes* ne doit épouvanter personne. Ceux qui avaient besoin de faire peur des événemens sinistres par la colère de Dieu ne manquaient pas, par leur fourberie, de soutenir que les *comètes* présageaient de grands malheurs. Au Mexique, et en plusieurs lieux des Indes, les peuples faisaient grand bruit de leur *cornet et tambour,* quand ils voyaient des *comètes*, s'imaginant par leurs cris les faire fuir et dissiper ; et c'est ce que nous avons vu dans un temps où le fanatisme primait sur la raison.

Les mensonges *du grand Albert, de Mathieu Lansberg, ces bonzes, ces derviches* soi-disant astronomes, ces bergers, magisters, ces faux savans, ces diseurs de bonne aventure, joueurs de gobelets, tireuses de cartes, ces Bohémiens et leurs acolytes qui s'amusent des sottises des peuples, qui les mettent à contribution, qui leur faisaient des histoires à dormir debout, sur ceci, sur cela ; mais ils sont passés, ces jours d'erreur ; et, sous un Gouvernement instruit, ils ne trouvent plus des dupes pour le débit de ces contes, de ces sornettes : déjà il a fait punir de ces escrocs ; et ce, de nos jours. Le siècle d'ignorance fuit en 1811, devant le génie de Napo-léon : l'homme sensé ne sait que se plaindre, gémir et se taire, des sorties indécentes de ces instigateurs payés par le fanatisme, de ces intrigans monopo-leurs qui voudraient lever leur crête.

Tous ces aventuriers, ces intrus sans patrie, ces corrupteurs, ces ames vénales se rendaient les pro-moteurs, les apôtres du crime, en répandant et exerçant leur doctrine par gestes et par des livres écrits d'un art séduisant ; ils ont entretenu long-temps l'erreur populaire des vieilles femmes, des enfans, de tous ces esprits timides, par la frayeur de l'avenir dont ils les menaçaient. Cette multitude, trompée par leurs studieux propos et leurs grimaces, écoutait. En lisant de sang-froid les sottises de ce temps-là, on ne peut s'empêcher de gémir de toutes ces magies ; on ne parlait que de talismans, de hié-roglyphes, de bûchers, de médailles mystérieuses, d'anneaux constellés, d'images enchantées.

Il fut fait justice à Paris en 1587 d'un *Dominique Méraille*, qui se disait fils de Dieu, qui fut pendu comme chef d'une troupe considérable de plus de vingt mille de ces imposteurs, répandus dans tous les Etats.

Et ce *Tauquatien* fanatique du XII siècle, qui, dans la Hollande et les Pays-Bas, prêchait contre l'église ; cet imposteur avait tellement fasciné les es-prits, qu'il abusait des filles en présence de leur mère, et des femmes en présence de leurs maris ; on se croyait honoré de l'amour du prétendu pro-

phète : le scélérat s'était fait des partisans au point
de paraître en public avec une escorte de deux mille
séducteurs comme lui. Un jour il s'avisa de prêcher
à une grande foule de peuple : près de lui était
un tableau de la Sainte-Vierge ; il eut l'impudence
de dire : Vierge Marie, je vous prends aujourd'hui
pour mon épouse. Il dit au peuple : Il faut que vous
fournissiez à mes fiançailles. C'est ainsi qu'il fit des
dupes ; il eut beaucoup de recette de la Zélande ,
d'Utrecht et des villes de Flandres ; il fut enfin ex-
pédié à Cologne, place publique , pour prix de ses
forfaits.

Ce fameux *Quintin* , tailleur de profession, s'étant
fait un parti qui désolait la France et les pays voisins, se disait chef des libertins. Il était un des rê-
veurs du règne du seizième siècle ; il soutenait des
doctrines qui faisaient frémir ; il disait que toutes les
mœurs et les vertus étaient factices et inutiles pour
se sauver. Il troublait l'Etat au point de dire que
l'on ne devait pas punir les méchans ; que l'on peut
professer toute sorte de religions ; qu'on peut sans
pécher se laisser aller à toute sorte de passions. Ce
blasphémateur factieux fut pris lui et sa bande ; il
fut brûlé et les autres pendus à Tournay en 1530.

De même que Jean *Stoflers,* encore un mathématicien mort à Tubinge ; il s'acquit une réputation
qu'il perdit en se mêlant de prédire l'avenir. Il an-
nonça un grand déluge pour l'année 1524 ; il fit
trembler toute l'Allemagne par cette prédiction ;
on fit faire des barques pour échapper à ce fléau ;
mais heureusement on n'en fut pas affligé, et l'astro-
logue insensé reconnut lui-même la fausseté de son

calcul, qui le couvrit de honte. Il mourut en 1531.

Le nommé *Stifels*, mathématicien moins connu par son arithmétique que par la fureur de faire le prophète, prédit que la fin du monde arriverait en 1550 ; mais il vécut assez pour être témoin lui-même de la vanité de sa prédiction. Il mourut à Eslingen en 1567 , âgé de 80 ans.

Nous ne sommes plus dans ce temps du huitième siècle ; on ne croit plus au pouvoir des dieux de la Fable ; on ne connaît plus les *Nostradamus*, les *Machiavel*, les *Azézin*, les *Bernadot*, les *Luc*, les *Gauric*, les *Risa*, les *Cazza*, ces astrologues, ces charlatans. Le règne de philosophie où nous sommes a fait rentrer dans la fange et dans la honte les scélérats qui voudraient les imiter. Le Gouvernement est loin de nommer des charges d'astronome, comme maître *Bermod Abbation*, demoiselle *Abbatia*, *Ruggieri*, *La Moles*, *Coconas*, *Maurevers*, se disant inspirés : prêtres, moines, pélerins, astrologues, sorciers, prétendus magiciens, et sur-tout grands charlatans. Ils tiraient l'horoscope de tous ceux qui leur donnaient de l'argent ; personne n'avait plus de crédit qu'eux dans ce temps de superstition : tels étaient les hommes que je viens de nommer, reconnus maîtres, par leur souplesse, leurs mensonges, leurs intrigues ; aussi étaient-ils les premiers en faveur, vivant des dépouilles d'autrui. Que d'honnêtes gens, hélas ! furent trompés par ces imposteurs !...

Comment peut-on répandre le bruit inquiétant et troubler le repos public, en mettant en avant qu'une *comète* soit un signe de la colère de DIEU, comme en l'an 1740 , où de pareilles sottises se débitaient ; ce qui faisait que les trompeurs remplissaient leur bourse de la crédulité des trompés. Si les *comètes* ont été long-temps un objet de terreur pour bien du monde, soit à cause de la rareté de leur apparition, soit par leur figure extraordinaire, souvent effrayante ; aujourd'hui, elles ne sont plus que des planètes comme les autres , telles que je viens de l'expliquer, tournant autour du soleil, comme cela a été vérifié. Donc la *comète* et toutes les *comètes* possibles ne doivent pas inspirer la plus légère crainte. Que de mensonges n'inventent-ils pas les fourbes pour effrayer et tromper les sots !

Au -urplus, que l'on consulte les savans de l'Inss titut de France ! Ils vous diront que *Newton, Descartes, Bettinus, Harroup, Bayle, Petit, Helvétius, Comiers, Cassini, Lalande, Flangergues* , et autres astronomes qui ont étudié sur cet astre lumineux, ont développé sur ce système plusieurs opinions et pensées diverses, et ont fait plusieurs observations sur les différentes *comètes ;* et tous sont tombés d'accord sur ce que je viens d'écrire, que je ne tiens que d'après eux : il ne faut donc pas s'en rapporter à des *on dit ,* par ces pronostiqueurs insensés et méchans. *

---

* Cet imprimé fut distribué , aux frais de l'auteur, dans tous les groupes qui se formaient dans Paris, lors de l'apparition de la comète. Il en a adressé plusieurs exemplaires aux maires des douze municipalités ; il en a aussi envoyé aux soixante-et-dix-huit communes rurales du département de la Seine , afin d'éviter la contagion que pourraient occasionner les malveillaus vis-à-vis les gens simples , ineptes, fanatiques et superstitieux.

# DEO, PATRIÆ, IMPERATORI.

## DEVOIR HUMAIN.

CROIRE en Dieu, aimer sa patrie, servir son prince, être sincère, fidèle et soumis, respecter les lois de son pays, écouter les gens en place, secret en opinions religieuses, payer ses contributions, corriger ses passions, s'écarter des mauvaises sociétés, ne point troubler le repos public, ne médire de personne, être honnête homme, être bon époux, bon père, bon ami, fuir les mauvaises sociétés, éviter le mal, donner de sages conseils, faire le bien quand il se présente, et lorsque le sort nous favorise de la fortune être utile à tous, ne point envier ni le bien, ni la femme, ni la gloire d'autrui; aimer le travail, ne pas écouter ses envies, être frugal dans tous ses désirs, fuir les passions, se modérer en tout, se contenter de son nécessaire, c'est le devoir d'une ame religieuse, du vrai Français, du bon citoyen : tel est le patriotisme qui distingue l'homme de bien d'avec le méchant, dans tous les pays du monde. Quant à moi, tout pour mon Dieu, pour la patrie et mon Souverain : c'est ainsi que je pense, au moins que je tâche de le faire.

# INVOCATION

## DE L'HOMME DE BIEN.

O mon Dieu ! Souverain puissant de l'univers et des êtres ! vous êtes mon premier père ! O vous que sans vous méconnaître, j'ai pu quelquefois sans volonté vous outrager, et qui m'avez consolé dans mes adversités ! de vous je sais que je tiens la transmission de l'existence, et je vous reconnais pour le chef suprême des mortels ; je vous adore, je vous remercie de m'avoir sauvé du naufrage révolutionnaire : aussi votre bonté est mon triomphe ; voyez mon cœur, il est sans crime ; servez-moi toujours de boussole et de guide dans ce monde ; je mets toute ma confiance en votre grandeur ; ma destinée est entre vos mains. Je me résigne à votre volonté suprême, persuadé que je n'ai eu l'existence et ne vis que pour mourir ; et qu'après paraissant devant vous, comme le juge le plus parfait, vous me jugerez suivant mes mauvaises ou bonnes qualités personnelles, vous me comblerez de votre bonté infinie ; ce qui me console. J'attends donc sans crainte l'arrêt qui me séparera des humains.

O ma patrie ! ma première mère, je vous ai aimée dès que j'ai su apprécier vos bontés ; je tiens de votre production l'utilité de ma subsistance pour venir à mes besoins passagers ; comme votre élève, j'ai tremblé un instant sur votre sort ; j'ai juré de vous servir toujours avec ferveur ; vous avez eu mes premiers hommages, vous aurez mes derniers soupirs ; depuis mon existence tout mon ensemble vous appartient, pour vous je ne cesserai de me sacrifier.

Ce sont mes affections les plus chères, mes devoirs les plus sacrés. Je tâcherai toujours par mes efforts que mon travail vous soit utile ; c'est là où je mets ma gloire et mon plus grand bien dans ce bas monde.

O mon Prince ! ô Grand NAPOLÉON ! vous qui avez trouvé la France si misérable, qui nous la faites voir si florissante, sauveur de mon pays, soutien des Français, médiateur de l'Europe, régulateur de toutes les nations par les bienfaits temporels et spirituels dont vous avez été la source, et comme souverain exemple de l'univers, vous êtes mon maître. Comme tel, je vous honore ; sujet fidèle, je suis soumis à vos lois, et ne fausserai pas ce dernier serment ; vous aimer, vous suivre, faire des vœux pour la conservation de votre dynastie, pour les heureux succès de vos entreprises : voilà mon devoir ; c'est là où je mets ma reconnaissance.

Mes frères d'armes, mes autres compatriotes, je ne cesserai de chanter les vertus guerrières de nos Héros, les actions civiques de mes concitoyens : voilà ma philosophie. Je suivrai, autant qu'il sera dans mes facultés intellectuelles, la sagesse de *Socrate*, la dialectique de *Platon*, la fermeté d'*Epictète* ; et pour principes, faisant toujours ma félicité de celle d'autrui. Puisse cet exemple être suivi, et servir d'encouragement aux cœurs reconnaissans, et de leçon aux ingrats ! C'est dans ces sentimens que je tâcherai de mériter toujours le titre de patriote, en servant Dieu, ma patrie, mon prince, l'humanité souffrante et les devoirs que la société nous impose.

P. F. PALLOY,

Citoyen de la ville de Paris, à Seaux, chef-lieu du canton de la sous-préfecture du département de la Seine.

# EXPLICATION
## DES ESTAMPES ET VIGNETTES
### CONTENUES DANS CE VOLUME.

### N° 1.

Page première, le portrait de l'auteur.

### N° 2.

Après la page 4, c'est le portrait de Sa Majesté Impériale et Roi NAPOLÉON Iᵉʳ, dans ses habits impériaux, assis sur son trône ; au bas de cette gravure on y lit :

Il a, par son génie et sa force guerrière,
De l'Empire français étendu la grandeur ;
La France dont il fait respecter la bannière,
Reprend par ses vertus son antique splendeur.

### N° 3.

La vignette, placée page 5, représente le génie descendant du ciel, soutenu par des nuages et par l'étoile du bonheur ; il déploie la carte du globe à l'univers. Plus bas est l'empreinte de la lettre initiale du nom de NAPOLÉON Iᵉʳ, prenant la place de L, qui marque le choix fixé par les Français. On y lit sur cette carte :

L'amour renaît, la haine fuit,
Dans l'ombre, le crime se cache ;
La justice qui le poursuit,
A son empire nous arrache.

## N° 4.

Dans la gravure, page 10, on voit du haut des cieux la Victoire entourée de génies soutenus par les nuages ; elle est appuyée sur les armes de l'Empire. Elle tient de la même main la palme de la paix ; de l'autre bras elle suspend une couronne dont elle désigne la récompense aux braves qui ont combattu avec sa Majesté pour la défense de la patrie. Les génies qui l'entourent font flotter dans les airs les guidons surmontés de l'aigle impériale. On lit au-dessus : *Patria, Napoleo, victoria, pax*, qui veut dire patrie, Napoléon, victoire et paix.

On aperçoit au loin le village d'Austerlitz où s'est donnée cette fameuse bataille, en 1805, nommée celle des trois Empereurs, qui en partie a décidé du sort de la France. On voit sa Majesté l'Empereur et Roi, entouré de ses braves, donnant ses ordres pour les combats, la veille de l'anniversaire de son couronnement; il désigne l'endroit où l'on doit placer le noble étendard de la victoire, au milieu du camp ennemi. Il prononce ces paroles qui sont placées au bas de l'estampe :

La vertu ne meurt point, la gloire est immortelle ;
Qui meurt avec honneur ne se sépare pas d'elle :
C'est là que les lauriers croissent, se multiplient,
Que la gloire, l'honneur et la vertu se lient.

## N° 5.

La planche, page 18, a été faite après la bataille de *Wagram*. On aperçoit Minerve qui descend du haut des cieux, soutenant le portrait de NAPOLÉON ;

la Renommée l'accompagne, tenant une couronne qui annonce au savant, au poète, l'arrivée du prince dont on voit l'image. On y lit, *degna diupero*, qui signifie qu'il est digne de régner. Le génie vole à leur rencontre, salue le grand Homme, annonce la France qui l'attend pour lui rendre hommage.

La France est assise sur des nuages, appuyée sur les armes impériales, et lui offre au nom de la re-connaissance de ses peuples un vase tout enflammé où brûle l'encens.

Dans le lointain, l'on voit l'arc de triomphe élevé à sa gloire, où défilent les troupes de la grande ar-mée. On aperçoit la colonne départementale où est la statue pédestre de sa Majesté.

Dans une place est planté un palmier en triomphe des victoires, où sont *Aglaia, Thalia, Euphrosyne*, les trois Grâces qui s'entretiennent, dont leur cœur est saisi d'un mouvement joyeux, de revoir le bien-faiteur de la France. Elles dansent en réjouissance du retour de NAPOLÉON, où est placé un transpa-rent dans les feuillages de l'arbre : on y voit la lettre N initiale de son nom. On y lit *unus omnes*, qui veut dire que lui seul fait tout mouvoir.

Au bas de l'estampe sont tous les attributs des arts que le Temps vient de dévoiler. En face de lui est Neptune, dieu des eaux, appuyé sur la proue d'un vaisseau, avec une ancre et son trident, qui con-temple le Temps dans son attitude, et qui semblent se dire entr'eux que le commerce et les arts vont avoir leur première vigueur au retour de la paix, que l'arrivée du Prince annonce au bas de l'estampe. On y lit ces quatre vers :

Il balance la foudre, et conjure l'orage ;
Il veut l'Europe entière obéir à sa voix :
Seul, il fait mouvoir et le plus grand des rois
Du dieu des nations et la plus belle image.

## N° 6.

La vignette, page 19, est une couronne où est
un ruban qui lie les attributs victorieux, où est écrit
dedans, A NAPOLÉON LE GRAND. Cette couronne de
fleurs naturelles lui fut offerte par la famille Palloy,
à son retour de la victoire mémorable d'Austerlitz ;
elle fut faite par M. Jean Thouin, chef du Jardin
des Plantes, un des quatre-vingt-trois apôtres pour
distribuer en 1790 les dons patriotiques de l'auteur
sur tous les points de la France. On y lit au pourtour :

> Français, fixe ta destinée
> Dans les yeux de ton Empereur ;
> Elle doit être fortunée,
> Sous cet illustre protecteur.

## N° 7.

La vignette, page 22, à la tête de l'Ode, est
l'aigle impérial planant dans les airs, soutenu par
la foudre et les éclairs qu'il paraît diriger à volonté ;
il tient à son bec plusieurs branches de laurier et
d'olivier, une de ses serres est armée d'un glaive ;
de l'autre il tient suspendue une légende latine. On
y lit :

> *Heroem cantat pietas, Mars fulmen, Apollo*
> *Præsidium, robur Gallia, terra decus,*

qui signifie, la religion chante le héros, Mars lui

confie sa foudre ; Apollon sur sa lyre consacre en lui son appui ; la France connaît sa force, et l'univers remarque en lui l'honneur.

## N° 8.

La gravure, page 26, représente la Paix, fille de Jupiter et de Thémis, fille puînée de la Victoire et de la Justice, déesse chérie de toutes les nations, déesse du Ciel enfin, qui descend de la voûte azurée. Cette divinité, en France comme à Rome, y était adorée ; elle y eut des temples qui étaient consacrés au Plaisir. A la Reconnaissance, elle est représentée assise sur un lion, symbole de la force domptée. Elle ordonne aux armées de cesser, elle fait fuir le méchant, l'audacieux ; elle réconcilie tout, anime le talent, ramène l'abondance, vivifie le commerce et les arts que la guerre avait écartés et anéantis. Appuyée sur le faisceau d'armes, elle le brise et en brûle les instrumens destructeurs. Elle ordonne au génie de présenter aux nations la palme et l'olivier en signe de conciliation d'alliance et de fraternité ; par son caducée elle indique au commerce de reprendre son cours que le fléau de la guerre avait affaissé. Au haut d'elle sont écrits ces mots : *Fulmen deposuit*, qui veut dire que Sa Majesté a quitté ses foudres. L'Empereur veut que le guerrier goûte après la victoire un repos assuré ; il veut que le brave de l'armée, qui n'a point été frappé du fléau destructeur, que le fils embrasse sa mère, que le pâtre retrouve son troupeau, que l'ami fidèle revoie son amante, que l'épouse enfin prépare à son époux un lit de noces pour que les lauriers y reposent, que l'industrie, le commerce et les arts réveillent le génie. Plus bas on y lit :

Vainqueur des nations, il dépose la foudre ;
Le nom de bienfaiteur a pour lui plus d'attraits :
A ceux qu'il peut réduire en poudre,
Il offre l'olivier, le pardon et la paix.

## N° 9.

La vignette, page 27, est une couronne de roses et d'olivier, adressée à l'Impératrice comme symbole de la douceur et de la paix, où son nom est gravée dedans, et l'on y lit ces vers :

Qui mieux méritait la couronne !
Elle est l'appui des indigens,
La protectrice des savans :
Elle est.... Minerve sur le trône.

## N° 10.

Cette vignette, page 29, représente un brave qui se marie par les bienfaits de sa Majesté, et que sa commune a trouvé digne de ce don. Il vient à l'autel de l'Hyménée, devant la déesse de la patrie, offrir ses vœux à l'Être Suprême, et le remercier du choix que la circonstance lui procure, et de la gratification qu'il reçoit de son Souverain. Il vient jurer amitié, fidélité à sa Rosière ; on voit un livre soutenu par des amours. On y lit sur cette table de lois : *Ils sont unis pour jamais.* Ces couples heureux en font le serment. De droite et de gauche sont les statues de la Victoire et de la Paix ; on aperçoit dans le lointain les tentes et les armes en faisceaux. Au bas de la gravure on lit ces vers :

> Sous ces auspices glorieux,
> Un hymen ne peut qu'être heureux.

## N° 11.

La vignette placée, page 42, à la tête de l'Apologue, représente l'aigle, le plus grand, le plus majestueux des oiseaux, qui annonce par sa force et sa vue perçante la renommée, la toute-puissance du Souverain qui l'a pris pour ses armes. Il est suspendu dans les airs sur un nuage éclairé par les rayons de la gloire, en faisant paraître par la branche d'olivier et de palmier qu'il tient dans ses serres, l'heureux présage par sa légende : *Mens agitat molem, tegit omnia immotum in motu*, qui signifie que tout l'univers remarque en lui la force, l'honneur et le pouvoir; qu'il décide du sort de ceux qui lui refusent la paix. Il couvre tout de ses ailes; il ne change point d'assiette dans tous les mouvemens qui l'agitent. On lit au bas ces quatre vers :

> ............. Il veut : à ses ordres docile,
> Tout s'ébranle et se meut; souffle émané du ciel,
> Il échauffe, il éclaire, et comme l'Eternel,
> Dans ce grand mouvement, seul il est immobile.

## N° 12.

La vignette placée, page 46, est un génie flottant dans les airs, et tenant de chaque main un clepsyde. Ce génie, aux ordres de NAPOLÉON, semble indi-

quer à tout l'univers l'heure de leur destinée pro-
chaine ; le tumulte, le hazard, rien ne peut lui résister ; ses vues planent sur la terre et sur l'onde ;
il fait voir qu'il veille à la sûreté de son Empire,
à la tranquillité de ses alliés ; enfin, soit en paix,
soit en guerre, il en règle tous les mouvemens :
il annonce à l'Anglais que s'il ne veut pas consentir
à la paix, il le réduira dans l'impuissance de nuire.
On y voit ces mots caractérisés en latin : *Nec mora,
nec requies* ; il n'est ni trêve à ses ennemis, ni repos
pour lui-même ; les choses les plus cachées lui sont
découvertes. On lit au bas ces quatre vers :

Il prévient, il voit tout, tout tremble à sa parole ;
Il dispense à son gré les sceptres et les fers :
Arbitre souverain de l'un et l'autre pôle ,
C'est un soleil nouveau qui régit l'univers.

F I N.

# TABLE

## DES OBJETS CONTENUS

### DANS CE VOLUME.

Explication des allégories du frontispice. Pag.     v
Avant-propos, ou Précis de l'auteur...........     1
A mes concitoyens des départemens...........     5
Un ancien colonel aux braves militaires français...     11
Ode sur la paix de Wagram, hommage à Napo-
léon-le-Grand............................     19
Le Te Deum français, ou Invocation d'un bon ci-
toyen..................................     22
Félicité de la France, hommage à l'Impératrice....     27
Couplets en l'honneur d'une Rosière mariée à un
brave..................................     29
A la gloire du Grand Homme, ou l'Arc de triom-
phe du Palais impérial....................     32
Description sur ce chef-d'œuvre..............     34
L'étonnement de Jupiter.....................     43
Les Aigles et les Léopards. Apologue...........     44
La Fontaine impériale, ou la Colonne de la Renom-
mée...................................     45
Réflexions sur l'allégorie ingénieuse de ce monu-
ment..................................     47
Notes historiques..........................     49

Aux mânes du Maréchal de France, duc de Monte-
  bello. Romance............................ 53
Abrégé de la vie du duc de Montebello.......... 54
Chansonnier ou Délassement militaire........... 56
Toast porté à l'Empereur par les Electeurs...... 58
La Joyeuse d'un grand Capitaine. Chanson....... 60
Impromptu à mademoiselle Valcour............. 61
Le jeune Conscrit, ou le Départ d'un poëte de la
  ville de Douay........................... 61
La Sentinelle au bivouac...................... 63
Le Retour de la Sentinelle.................... 64
La gloire, le vin et les femmes................ 65
Le bon Soldat.............................. 66
L'honneur. Stances militaires................. 68
Hommage de la ville de Paris, ou le berceau pour
  le Roi de Rome. Dialogue poissard........... 69
Détail sur le berceau........................ 72
Dévouement. Entretien national de deux jeunes
  Conscrits, ou le Chant du départ patriotique... 74
Ode sur la naissance du Roi de Rome.......... 78
L'Aigle et la Colombe, ou Entretien sur le fruit des
  amours de Mars et de Vénus................ 81
Impromptu sur les cent coups de canons........ 84
L'Alliance et la Naissance mémorables.......... 85
Lettre adressée à M. Palloy................... 87
Vers sur l'heureux accouchement de sa Majesté
  l'Impératrice; par un ecclésiastique.......... 88
L'Allégresse du peuple français, ou les Relevailles
  de sa Majesté l'Impératrice et mère, le 9 juin 1811.
  Dialogue entre Thérèse et Blaise............. 90
Abrégé historique de la Révolution française. Envoi
  à l'Institut de France..................... 94
Hommage à leurs Majestés Impériales et Royales
  à leur palais de Saint-Cloud, les 15 et 25 août

1811 ........................................ 96

Vers à l'Empereur......................... 96

Acrostiche à son Souverain et sa Souveraine, par
Palloy ................................. 97

Chanson bacchique à ma respectable amie le jour
de Saint-Louis sa fête.................... 98

Le bon Ménage, ou l'Eloge de la Vertu....... 100

Mes adieux aux ames reconnaissantes; mon dernier
mot aux ames ingrates................... 103

L'Accord de la Religion avec la Philosophie, on la
Raison humaine avec la Foi............... 113

L'Année heureuse, ou la Comète de 1811....... 119

Il faut se rendre utile, dissiper la peur, dissoudre
l'erreur : tel est mon but................ 120

Deo, Patriæ, Imperatori. Devoir humain........ 129

Invocation d'un homme de bien.............. 130

Explication des onze allégories, des Estampes et
Vignettes................................ 132

*Fin de la Table.*

---

# PLACEMENT

## DES ESTAMPES ET VIGNETTES.

No  1 ....................... Page  1
No  2 .............................  4
No  3 .............................  5
No  4 ............................. 10
No  5 ............................. 18
No  6 ............................. 16
No  7 ............................. 22
Oo  8 ............................. 26
No  9 ............................. 27
No 10 ............................. 29
No 11 ............................. 42
No 12 ............................. 56

---

*Nota.* L'explication des allégories du frontispice se trouve en tête.

www.ingramcontent.com/pod-product-compliance
Lightning Source LLC
Chambersburg PA
CBHW072112090426
42739CB00012B/2941